Irene Klein

Gruppenleiten ohne Angst

Ein Handbuch für Gruppenleiter

Verlag J. Pfeiffer · München

CIP-Titelaufnahme der Deutschen Bibliothek
Klein, Irene:
Gruppenleiten ohne Angst: ein Handbuch für Gruppenleiter / Irene Klein. – 3. Aufl. – München: Pfeiffer, 1991
(Pfeiffer-Werkbücher; Nr. 167)
ISBN 3-7904-0409-8
NE: GT

3. Auflage 1991

Printed in Germany
Druck: G. J. Manz AG, Dillingen
Umschlagentwurf: Kurt Steinacher

ISBN 3-7904-0409-8

Inhalt

Einleitung

1. Das Anliegen dieses Buches

Viele Menschen haben Leitungsaufgaben in einer Gruppe oder sind für die Leitung mitverantwortliche Teilnehmer, haben aber keine Zeit oder Gelegenheit, sich in einer Aus- oder Fortbildung genauer mit dem auseinanderzusetzen, was in einer Gruppe geschieht. So erleben sie vieles, was in Gruppen abläuft, so, als ob es ausschließlich durch die eigene Fähigkeit oder Unfähigkeit hervorgerufen wird, und kommen nicht auf den Gedanken, daß das Gruppengeschehen auch mit »Gesetzmäßigkeiten« von Kommunikation und Gruppenprozessen zusammenhängt. Dieses Wissen könnte sehr entlastend wirken, ganz abgesehen davon, daß es natürlich zu person- und sachgerechtem Verhalten befähigen würde. Denn wo ich von Gesetzmäßigkeiten weiß, kann ich ihre Erscheinungsformen besser wahrnehmen und mit weniger Angst und unbefangener mit ihnen umgehen.

Das Beschreiben solcher Gruppenphänomene und der verantwortliche Umgang mit Gruppen ist das Anliegen dieses Buches. Dabei werden vor allem solche Personen/Leiter angesprochen, für die Gruppenleitung eine unter vielen Aufgaben ist und die deshalb häufig nicht genügend Zeit und Möglichkeit haben, sich mit entsprechender Fachliteratur aus den Richtungen Gruppendynamik, Gruppenpädagogik, Didaktik, Richtungen der Gruppenarbeit, Methoden usw. auseinanderzusetzen. Denn ein Gruppenleiter braucht Einblick in alle diese Bereiche, wenn er hilfreich und sinnvoll mit Gruppen arbeiten möchte.

Die beiden Begriffe »hilfreich« und »sinnvoll« zeigen an, daß hier eine Wertung vorgenommen wird: Ich habe in dieses Buch die Themenbereiche aufgenommen und habe die Teile ausgeführt, die ich bei meiner Tätigkeit in der Aus- und Weiterbildung von Leitern unterschiedlichster Gruppen als hilfreich für deren Verständnis und die Bewältigung ihrer Gruppenpraxis erlebt habe. Gleichzeitig ist diese Auswahl und Zusammenstellung und die Weiterführung mancher Punkte eine Aussage darüber, was *mir selbst* bei meiner Arbeit mit Gruppen wichtig geworden ist, was mir geholfen hat, die Prozesse in mir, in anderen und zwischen uns besser zu verstehen, und was schließlich mein Handeln entscheidend beeinflußt hat.

So sind die Gedanken und Theorien in *dieser* Auswahl, Kombination und Weiterführung inzwischen zu einem Stück »meiner Theorie«, meiner Auffassung über die Arbeit mit Gruppen geworden.

Ich halte dies für einen wichtigen Prozeß, den jeder Leser dieses Buches auch selbst machen kann: Er wird sein bisheriges Verständnis und seine Erklärungszusammenhänge (die er zum Teil vielleicht mehr unbewußt hat) – also seine bisherige »Theorie« – dem gegenüberstellen, was er liest. Manches wird ihm helfen, wird offene Fragen klären oder bisher unverstandene Gefühle besser verstehbar machen. Diese Gedanken werden eingehen in die je eigene fortschreitende »Theoriebildung« (meine Erklärungen von mir, vom Zusammenleben und von der Umwelt), die immer weiter die jeweilige Praxis verändern kann. Ebenso können die Erfahrungen der Praxis als Aufforderung verstanden werden, die eigene Verstehensweise weiterzuentwickeln.

Diese Überlegung ist mir deshalb wichtig, weil ich in meinem Studium und in meiner praktischen Arbeit häufig eine ungute Trennung von Theorie und Praxis erlebt habe und immer noch erlebe: Theorie machen die Wissenschaftler, allerdings oft ohne eigene Anbindung an die Praxis. Die Lernenden und die Praktiker bekommen eine Vielzahl von Theoriegebäuden isoliert und aneinandergereiht angeboten; die Integration der verschiedenen Gedankengebäude und die Umsetzung in die drängenden Fragen der Praxis müssen sie meist allein leisten. Dazu noch genießt Theoriearbeit meist mehr Ansehen als Praxisarbeit. So entsteht leicht ein Bewußtsein von »hoher Theorie« und »profaner Praxis«, auf das die Praktiker mit unterschiedlichen Reaktionen antworten: Sie verstärken ihr eigenes Minderwertigkeitsgefühl in bezug auf das eigene Theorieverständnis bzw. betrachten ihre eigenen Anschauungen/Erklärungszusammenhänge als theoretisch irrelevant. Oder sie wenden sich ab von aller Theorie, indem sie sie als »theoretisch« abwerten. Beide Reaktionsweisen vertiefen die Kluft zwischen Theorie und Praxis. Theorie wird Selbstzweck, Praxis wird unreflektiertes Agieren.

Es ist also auch ein Anliegen dieses Buches, zu einer Auseinandersetzung und Beschäftigung mit Theorien anzuregen und gleichzeitig zu ermutigen zur je eigenen Theoriebildung.

Die beiden Begriffe »hilfreich« und »sinnvoll« zeigen außerdem an, daß hier eine bestimmte Auffassung über die Arbeit mit Gruppen vertreten wird. Das ist *eine* Anschauung unter anderen. Sie beruht auf dem Hintergrund, der mir selbst in den letzten Jahren wichtig geworden ist und den ich im folgenden noch etwas mehr durchsichtig machen möchte.

2. *Mein eigener Hintergrund*

Als ich vor etwa zwölf Jahren zum ersten Mal einen Aufsatz von *Ruth Cohn* mit Überlegungen zur Themenzentrierten Interaktion in die Hand bekam, war das für mich ein wichtiges Ereignis. Da war das aufgeschrieben, zusammengefaßt und in ein System gebracht, was ich selbst in meiner Arbeit mit Gruppen schon immer gespürt, wonach ich mich irgendwie schon ausgerichtet hatte. Nun war es greifbar, deutlicher und vor allem in Zusammenhängen aufgezeigt. Bisher war gruppenpädagogisches Gedankengut für mich ausschlaggebend gewesen, nun hatte ich eine Vervollständigung durch das Welt- und Menschenbild, das *Ruth Cohn* darstellt. Die Spannung, in der menschliches Leben in jedem Augenblick steht, wird zur ständigen Aufgabe in Gruppen: ich und der andere; meine Freiheit und die Freiheit des anderen; Ausweitung meiner Grenzen und Akzeptieren von Grenzen, usw.

Später kamen Begegnungen mit dem Gedankengut und Lebenswerk von *Carl Rogers* dazu, die mich in der Überzeugung über die Wichtigkeit von positiven Grundeinstellungen mir und anderen gegenüber bestärkt haben. Gruppen- und Therapieerfahrungen sagen mir, daß es sinnvoll ist, an die Entwicklungs- und Entfaltungsfähigkeit von Menschen zu glauben, und daß es möglich ist, günstige Räume oder ein heil-sames Klima für solche Prozesse zu schaffen.

Das Welt- und Menschenverständis von *Ruth Cohn* und *Carl Rogers* und die daraus entstandenen Handlungssysteme haben für mich viele Elemente christlicher Aussagen und Handlungsanweisungen neu beleuchtet, lebendig gemacht und vertieft.

Inzwischen sind mir auch Theorie und Erfahrungen der Transaktions-Analyse *(Eric Berne)* wichtig geworden mit ihren klärenden, strukturierenden Elementen zur Aufhellung eigener Gefühls- und Verhaltensweisen und mit ihrer Überzeugung, daß Um-Lernen und Neu-Entscheidung möglich ist.

Dies alles gewann Bedeutung für mich im Zusammenhang mit vielfältigen Praxiserfahrungen in der Kinder- und Jugendarbeit, in der Erwachsenenbildung und in der Aus- und Fortbildung.

3. Für wen ist dieses Buch geschrieben?

Beim Schreiben habe ich viele Kurs-, Seminar- und Gruppenteilnehmer vor mir, mit denen ich schon zusammengearbeitet habe:

* Haupt- und ehrenamtliche Leiter von Gruppen in Gemeinden; Leiter von Kinder- und Jugendgruppen, von Familienkreisen, von Arbeitskreisen und Pfarrgemeinderäten, von Gesprächskreisen und Seminaren.

* Mitarbeiter in Arbeitsfeldern der Sozialen Arbeit, wo der Umgang mit Gruppen *eine* Aufgabe unter vielen ist: Beratung von Teams, Leitung von Seminaren und Besprechungen, Leitung von Mitarbeitergruppen, Öffentlichkeitsarbeit von Gremien und Gruppen, Umgang mit Gästegruppen, Umgang mit der Klasse als Gruppe oder auch Zusammenarbeit mit Kollegen und anderen Mitarbeitern.

Alle diese Menschen brauchen dasselbe: die Lust und den Mut, über die eigenen Erfahrungen bei der Arbeit mit Gruppen nachzudenken; die wachsende Fähigkeit, hinzuschauen und zu verstehen, was in mir und in anderen geschieht, um immer mehr das tun zu können, was ich im Augenblick unter Berücksichtigung aller mir bewußten Zusammenhänge für richtig und sinnvoll halte.

Das ist auch mein eigenes Anliegen bei meiner Arbeit mit Gruppen.

Dieses Buch ist in erster Linie für Leiter und Verantwortliche von Gruppen geschrieben. Deshalb spreche ich im folgenden vom *Leiter* und seiner Aufgabe. Natürlich sind alle Ausführungen genauso wichtig für die Situationen, in denen ich Teilnehmer einer Gruppe bin und durch meine Art und Intensität der Mitarbeit Gruppenentwicklung und -klima beeinflusse.

4. *Zum Aufbau*

Die eigene Erfahrung in Gruppen ist eine wichtige Erkenntnisquelle, die für das Leiter-Sein in einer Gruppe viele Aufschlüsse geben kann. Wenn ich meine eigenen Erlebnisse und Erfahrungen offen zulasse und bewußt wahrnehme, wenn ich die Zusammenhänge von Gefühlen und Ereignissen bei mir erkenne, dann werde ich auch Situationen in Gruppen besser wahrnehmen und verstehen können.

Deshalb beginnt der erste Teil mit der Beschreibung von Erfahrungen, die jeder in Gruppen machen kann, ganz unabhängig davon, ob er Leiter oder Teilnehmer ist. Die eigenen Erfahrungen sind der Hintergrund, auf dem die Darstellung der Gesetzmäßigkeiten von Gruppenprozessen und Kommunikationsabläufen verständlich werden kann. Die Frage, unter der das erste Kapitel steht, lautet: Was geschieht in Gruppen? Was *ist*?

Im zweiten Teil ist die Leitfrage: Was *soll* geschehen? Wie wünsche ich mir das Zusammenleben und -arbeiten von Menschen in Gruppen?

Zur Beantwortung dieser Frage wird das System der Themenzentrierten Interaktion von *Ruth Cohn* zu Hilfe genommen, das für verschiedenste Formen von Gruppenarbeit Orientierung geben kann.

Im dritten Teil steht die Frage der Gruppenleitung und die Person des Gruppenleiters ausdrücklich im Mittelpunkt. Gruppenleitung wird unterschieden von Gruppenführung; beides sind Funktionen der Gruppe. Die Person des Gruppenleiters wird weniger unter dem Blickwinkel des Leiter-Verhaltens oder der Interventionen betrachtet, als unter dem Aspekt der Leiter-Haltung. Im Verhalten drückt sich Haltung aus, so daß vor Verhaltensvorschlägen an den Gruppenleiter, wie er das »Soll« des zweiten Teils realisieren kann, die Reflexion seiner eigenen Einstellung und Werte stehen muß.

Im vierten Teil geht es dann um die Frage: *Wie* mache ich das? Wie kann Planung der Gruppenarbeit aussehen? Welche Faktoren sind bei der Vorbereitung, bei der Durchführung und Nacharbeit von Gruppenstunden/Gruppentreffen zu berücksichtigen? Dabei wird zunächst ein Planungsinstrument, das Berliner Modell, vorgestellt, das anschließend verbunden wird mit den Forderungen der Themenzentrierten Interaktion. Daraus entsteht ein Planungsmodell, das Gruppenleitern helfen kann, sowohl die Anliegen der Themenzentrierten Interaktion wie auch die wichtigen Planungsfaktoren gleichzeitig deutlich im Blick zu haben.

Im fünften Teil werden beispielhaft einige Methoden zur Aktivierung und Einbeziehung von Teilnehmern angeschlossen, weil die Entfaltung von Menschen unter anderem mit der Möglichkeit ihrer aktiven Beteiligung an Prozeß und Aufgabe der Gruppe zusammenhängt.

Insgesamt ging mein Bemühen dahin, die einzelnen Teile durch Hinweise immer wieder miteinander zu verbinden und die theoretischen Darstellungen möglichst praxisnah durch Beispiele zu verdeutlichen.

Teil I

Was geschieht in Gruppen? – Zum Verständnis der Kommunikation und der Prozesse in Gruppen

Fragestellungen

- Wie fühle ich mich in verschiedenen Gruppen?
  Womit hängen meine Gefühle und Verhaltensweisen zusammen?
- Gibt es »Gesetzmäßigkeiten«, d. h. immer wieder ähnlich oder gleich verlaufende Prozesse in der Kommunikation und im Leben von Gruppen, so daß ich mein Gruppenerleben in einem Zusammenhang verstehen könnte?

Wenn ich mit Gruppen arbeiten will und verstehen möchte, was in diesen Gruppen geschieht, welche Prozesse ablaufen und welche Interventionen und Verhaltensweisen als Leiter angemessen und hilfreich sind, ist es sinnvoll, mir zunächst meine eigenen Erfahrungen in Gruppen in Erinnerung zu rufen. Ich kann versuchen wahrzunehmen, in welchen Situationen und Zusammenhängen bestimmte Gefühle in mir entstehen, um von daher die Hintergründe und Gesetzmäßigkeiten menschlichen Zusammenlebens betroffener und einfühlsamer verstehen zu können.

1. *Erfahrungen in Gruppen*

Leben in Gruppen ist eine menschliche Grunderfahrung. Seit ich geboren bin, lebe ich in verschiedenen Gruppen: Familie, Nachbarschaft, Spielgruppen, Schulklasse, Jugendgruppe, Arbeitskreise, Freundeskreise, Arbeitsteams, Lerngruppen usw. (Den Begriff »Gruppe« verstehe ich hier in einem ganz allgemeinen Sinn: das Zusammensein von Menschen über einen längeren Zeitraum in einer relativ beständigen Zusammensetzung.)

In solchen Gruppen kann ich sehr unterschiedliche Erfahrungen machen. Ich kann mich in der gleichen Lebenszeit in verschiedenen Gruppen sehr unterschiedlich fühlen oder verhalten, obwohl ich doch selbst jeweils dieselbe bin. Und noch bemerkenswerter und erstaunlicher ist es, daß ich mich auch in derselben Gruppe zu verschiedenen Zeiten sehr unterschiedlich erleben kann.

Ich möchte das näher anschauen:

* Ich kenne bei mir, daß ich mich in einer Gruppe ganz daheim fühle, unbefangen bin, so richtig Lust habe mitzumachen, zu lernen oder zu spielen; da kann ich auch selbst mitreißen, sogar einmal Mittelpunkt werden, da wachsen mir Kräfte zu, da kann mich nichts umwerfen (so meine ich jedenfalls im Augenblick); ich traue mir viel zu.
* In einer anderen Gruppe plage ich mich damit, daß ich kein Wort spontan herausbekomme, daß ich jeden Satz zehnmal überlege, und wenn ich ihn gesagt habe, so klingt er mir falsch in den Ohren. Ich habe Angst, wie mich die anderen sehen. Ich frage mich, ob ich wohl für einen von ihnen anziehend sein kann. Ich schaue mir fast selbst zu, wie ich rede und mich verhalte. Ich traue mir wenig zu, und ich erlebe sogar, daß ich Dinge nicht mehr klar ausdrücken kann, derer ich mir sonst sehr sicher bin.
* Ich kenne auch die Situation, daß ich im Zusammensein mit anderen, mit einer Gruppe, ein ganz starkes neues »Ich-

Erlebnis« habe: »Ja, so wie diese Menschen sind, wie wir hier zusammen sind, so will ich es haben; das ist mein Sinn, mein Ziel; so stelle ich mir Leben vor; so ist es in Ordnung.« Ich fühle mich innerlich getragen und erhoben durch die Erfahrung, daß wir Wesentliches miteinander teilen, daß wir im Wesentlichen einig sind – und ich bin nicht allein.

* Ein anderes Mal erlebe ich mich aber auch so, daß ich etwas tue oder sage, worin ich mich selbst nachher nicht wiedererkenne. Ich rede z. B. in abstrakten und theoretischen Sätzen (um mich in ein gutes Licht zu rücken), merke es erst später und frage mich: War das ich? Was ist bloß in mich gefahren? Oder ich ertappe mich dabei, daß ich in einer bestimmten Gruppe über andere rede, wie ich eigentlich gar nicht reden will, fast wie aus einem inneren Zwang. Oder ich lache über einen Witz, über den ich eigentlich nicht lachen will; oder ich spiele etwas mit, was ich eigentlich ablehne und schlecht finde, weil z. B. andere dabei blamiert werden.

Zusammengefaßt:

* Fast unser ganzes Leben spielt sich in verschiedenen Gruppen ab.
* Obwohl ich immer »ich« bin, erlebe und verhalte ich mich in verschiedenen Gruppen unterschiedlich.
* Ich bin einerseits Individuum mit Eigenständigkeit, eigener Meinung und eigenen Gedanken – gleichzeitig aber immer betroffen, berührt oder beeinflußt von der Tatsache der Anwesenheit anderer und von dem, was sie mir gegenüber fühlen und wie sie sich verhalten. Das geht sogar so weit: Mein Gefühl und Verhalten kann schon von meiner Vermutung (Phantasie) über die möglichen Gedanken des anderen über mich beeinflußt werden.
* Mein Selbstbild hängt immer auch mit dem zusammen, wie andere mir begegnen.

Warum ist das so? Wie sind die Zusammenhänge?

2. *Menschen leben in Beziehungen*

– *Das Bedürfnis nach Anerkennung und Zugehörigkeit –*
– *Das Bedürfnis nach Sicherheit –*

Gefühle und Verhaltensweisen, die wir heute in Gruppen erleben und praktizieren, werden verständlicher, wenn wir sie im Zusammenhang mit der früheren Geschichte unserer Beziehungen betrachten.

Von Anfang an sind wir Beziehungswesen. Ein Kind ist ohne Beziehung nicht lebensfähig. Es erfährt sich selbst zunächst als zusammenhängend, ja identisch mit seinen nahen Bezugspersonen, z. B. mit der Mutter. Es erlebt die Mutter wie einen Teil von sich. Es ist zufrieden, wenn die Mutter es mit Zuwendung und Liebe in die Arme nimmt. Es erfährt sich »in Ordnung«, wenn es ihre Haut spürt, ihre Stimme hört. Die Mutter *ist* Nahrung, Wärme und Leben. Das Kind ist unzufrieden und gestört, wenn es ihm an all dem mangelt; es kann nicht leben, wenn ihm das fehlt.

Das Kind erlebt sich selbst als »gut«, weil ihm die Mutter gut ist. Sein Glaube an sich und sein Selbst-wert-gefühl entwickeln sich schrittweise dadurch, daß die Mutter in ihm einen Wert sieht. Man weiß heute aus vielen Untersuchungen und Beobachtungen, daß ein Kind die Zuwendung und das Streicheln der Mutter bzw. Bezugsperson braucht, damit es sich später selbst Zuwendung geben und akzeptieren kann. Wenn die Mutter freundlich und zugewandt ist, dann ist das für das Kind ein Zeichen dafür, daß alles stimmt und daß »es selbst stimmt«. So werden Erfahrungen gemacht, daß das gut ist, womit die Mutter einverstanden ist. Das betrifft die Person des Kindes, aber auch seine Handlungen, Gedanken und Meinungen. Das Kind erlebt das als Wert, was von der Mutter und auch von anderen wichtigen Personen akzeptiert, bestätigt und anerkannt wird.

Beispiel:
Ein Kind erfährt, daß die Mutter sich über sein Dasein freut. Sie lacht mit ihm, sie hat Zeit, sie sagt ihm: »Du bist unser Schatz.« Sie nimmt es in den Arm und drückt es an sich.

Das Kind kann so lernen: Es ist gut, daß ich da bin. Ich bin gut.

Ein anderes Kind erlebt häufig, daß die Mutter keine Zeit hat und daß sie es nicht brauchen kann. Sie findet das Kind lästig und sagt ihm das auch immer wieder. Sie wendet sich ab. Sie sagt oft: »Stör mich nicht dauernd, ich kann dich nicht brauchen.«

Das Kind kann so lernen: Ich bin störend. Meine Bedürfnisse sind lästig. Ich bin eine Last.

Menschen sind so angelegt, daß sie einander zu ihrem Mensch-Werden brauchen. Sie stehen so eng miteinander im Zusammenhang, daß einer aus der Zuwendung des anderen lebt. Ich brauche die Anerkennung von anderen und die Zugehörigkeit zu anderen, um zu leben.

Menschen haben ein *Grundbedürfnis nach Anerkennung und Zugehörigkeit.*

Dieses Grundbedürfnis nach Anerkennung, Bestätigung und Zugehörigkeit ist in den ersten Lebensjahren ein überlebensnotwendiger, der Realität angemessener Impuls: Denn das Kind muß körperlich und seelisch sterben, wenn es nicht gefüttert und geliebt wird, wenn sich die Personen seiner Umgebung ihm entziehen. In dem Maß, wie das Kind durch die Anerkennung anderer Eigenkräfte entwickelt und sich selbst bejahen und anerkennen kann, wird es unabhängiger von der absoluten Bestätigung durch andere. Sein Bedürfnis nach Anerkennung braucht nicht mehr ständig erfüllt zu werden; es kann auch noch an seinen Wert glauben, wenn nicht alle mit ihm einverstanden sind.

Es ist wichtig zu wissen, daß dieses Grundbedürfnis zum Menschen gehört und das ganze Leben über besteht. Es drückt sich auch später aus in der Suche nach Bestätigung durch andere, in der Sehnsucht nach Zugehörigkeit zu anderen, im Wunsch nach Akzeptiertwerden. Wenn andere mit mir einverstanden sind, kann ich selbst leichter mit mir einverstanden sein. Wenn andere mich wertvoll und wichtig finden, kann ich leichter an mich glauben. Kein Mensch kann wohl am Bewußtsein seines eigenen Wertes festhalten, wenn er nicht durch andere bestätigt wird. Wie stark und von wieviel Personen jemand diese Bestätigung braucht, um einverstanden mit sich leben zu können, ist sehr unterschiedlich. Es hängt zusammen mit der eigenen Lebensgeschichte und auch damit, wie der einzelne seine positiven und negativen Erfahrungen in sich selbst verarbeitet und welche inneren Schlüsse für sein Leben er daraus gezogen hat.

Das Grundbedürfnis nach Anerkennung und Bestätigung ist ein Hintergrund für unser Fühlen und Verhalten in Gruppen. Weil ich gerne akzeptiert werden will, versuche ich mein Verhalten so zu gestalten, daß andere es gut finden und mich anerkennen. Deshalb kommt es auch dazu, daß ich mich in der einen Situation und der einen Gruppe *so* verhalte, in einer anderen *anders,* weil eben die Mitglieder dieser Gruppen unterschiedlich auf mich reagieren; in der einen Gruppe bin ich zögernd und unsicher, weil ich mich in Frage gestellt oder abgelehnt fühle – in der anderen Gruppe erlebe ich mich wichtig und sicher, weil ich mich akzeptiert weiß. Beide Gruppen können dasselbe Thema haben.

Um in einer Gruppe »dazuzugehören«, können Menschen ihre Meinung ändern, ihre Einstellungen und Werte verdrängen oder ein Verhalten praktizieren, das sie selbst bei unabhängiger Überlegung und Überprüfung entschieden ablehnen würden.

Dabei muß beachtet werden, daß dies oft keine bewußten Vorgänge sind (»deshalb, weil . . . mache ich . . .«), sondern fast automatische Verläufe, so als ob in uns eine Antenne wäre, die die Reaktion der Menschen in unserer Umgebung auf Bestätigung oder Ablehnung hin registriert und Aufträge an unser Verhalten weitergibt. Je mehr ich mir diese Vorgänge bewußtmache und auch die Bedürfnisse ernst nehme, mit denen sie zusammenhängen, habe ich die Chance, mich selbstbestimmend zu verhalten. Ich erkenne dann auch, daß die in der frühen Kindheit erfahrenen Ängste vor Verlust und Ablehnung heute für mich eine andere Bedeutung und Realität haben: Ich muß als Erwachsener nicht mehr »sterben«, wenn ich Ablehnung erfahre – auch wenn meine Gefühle bei Ablehnung noch gekoppelt sind an solche unbewußten Ängste. Ich kann mir auch zugestehen, daß ich Anerkennung und Bestätigung brauche, und kann etwas dazu tun, daß ich sie bekomme. Ich kann wahrnehmen, inwieweit mein Verhalten und Gefühl in einer Gruppe damit zusammenhängt, daß mein Bedürfnis nach Anerkennung mißachtet oder vernachläßigt bzw. erfüllt wird.

Noch ein weiteres dem Menschen eigenes, also angeborenes Bedürfnis ist zum Begreifen von Gruppenprozessen wichtig. Es hängt mit dem Bedürfnis nach Anerkennung zusammen, zeigt aber noch einen anderen Aspekt auf. Es ist das *Bedürfnis nach Sicherheit,* das beim einzelnen wieder – je nach Lebenserfahrung und Lebensgeschichte – verschieden stark ausgeprägt ist.

Zum Beispiel: Wenn ich die Regeln und Normen einer Gruppe kenne, fühle ich mich sicherer. Wenn ich nicht weiß, was auf mich zukommt und was von mir erwartet wird, kann mich das unsicher machen. Wenn mehrere Personen dasselbe denken oder sagen wie ich, dann gibt mir das Sicherheit, weil es ein Maßstab für mich ist, daß ich mich selbst »richtig« verhalte oder denke. Wenn ich weiß, wie *»es* hier zugeht«, wie *»man* sich hier benimmt«, was »paßt«, dann kann ich mich danach verhalten und bin sicher, daß ich mich nicht »daneben«-benehme, daß ich »am richtigen Platz« bin und nichts »falsch« mache. Diese Gefühle hängen mit den vorher beschriebenen Grunderfahrungen des Kindes zusammen: *Ich bin* richtig, wenn ich das mache, was die anderen (Eltern) richtig finden.

Dieses Gefühl stimmte zwar für die damalige Zeit – heute jedoch könnte ich mich anders entscheiden. Meine Sicherheit ist nicht mehr gefährdet, wenn ich in bestimmten Bereichen anders bin als andere und wenn ich auch einmal etwas falsch mache.

Das Bedürfnis nach Sicherheit äußert sich in der Gruppe in vielfacher Weise: Wenn ich neu in eine Gruppe komme, bin ich ganz erleichtert, wenn jemand da ist, den ich kenne. Zu ihm gehe ich gleich hin. Wenn ich niemanden kenne, schaue ich/höre ich: Wer wird wohl zu mir passen? Wer ist sympathisch (entspricht mir)? Wen fürchte ich eher? Was kann mir hier Sicherheit geben? Wenn z. B. Gläser zum Trinken dastehen oder Stühle in einer bestimmten Anordnung, kann mich das erleichtern: Nun weiß ich ja, was erwartet wird, wo ich meine Hände lassen kann – sonst stecke ich sie in die Tasche oder zünde eine Zigarette an. Viele wählen oft dieselben Sitzplätze in einem Raum. Das gibt auch Sicherheit und Orientierung.

Ein neues Mitglied in einer Gruppe kann seinerseits den »Alten« angst machen. Es stellt Fragen, es will etwas Neues; es stört die Sicherheit der Gruppe, d. h. die ausgesprochenen und unausgesprochenen Vereinbarungen, die getroffen wurden, damit nicht zuviel Beunruhigung in der Gruppe besteht.

Es gibt auch Sicherheit, wenn meine Erwartungen von anderen geteilt werden, wenn ein Rahmen da ist, wenn ich Abläufe kenne, wenn ich nicht ständig darauf achten muß, was jetzt am Platz wäre. Es gibt Sicherheit, wenn ich Verhaltensnormen habe und weiß, wie man sich in einer bestimmten Situation benimmt (z. B. bei der Begrüßung die Hand geben).

Um die Verhältnisse vertraut und stabil (sicher) zu halten, ertragen wir Menschen manchmal viel Unbehagen: Ich nehme einen Konflikt nicht wahr, damit ich eine Beziehung nicht verändern muß. Ich gebe nicht zu, daß ich mich über- oder unterfordert fühle, um mich nicht auf eine neue Tätigkeit umstellen zu müssen. Wir halten an Regeln fest, obwohl sie uns einengen, weil eine Neuentscheidung zunächst viel Unsicherheit mit sich bringen würde, usw.

Viele Erlebens- und Verhaltensweisen in Gruppen hängen mit den beiden Grundbedürfnissen nach Anerkennung und nach Sicherheit zusammen. Bei einem Teil der dabei auftretenden Gefühle handelt es sich um eher belastende Gefühle: Unsicherheit, Angst, sich-allein-fühlen, nicht so gut wie andere sein, nicht mithalten können, usw. Bei solchen, meist als »negativ« eingestuften Gefühlen neigen wir dazu, sie nur bei uns selbst zu vermuten, und geben uns folglich auch alle Mühe, sie vor anderen zu verbergen (Ich möchte ja eher gut dastehen . . . s. o.). Damit werden sie zu »unangemessenen Gefühlen«, die eigentlich nicht sein dürfen. Und damit beginnt ein verhängnisvoller Kreislauf: mich schlecht fühlen und mir das allein zuschreiben, mich negativ bewerten, mich verstecken, Teile von mir aus Begegnungen heraushalten, usw.

Mit dem Wissen um solche Zusammenhänge kann ich nun auch anders vorgehen:
- Ich weiß, daß ich Anerkennung und Sicherheit brauche. Ich weiß, daß auch andere das brauchen (wenn auch vielleicht in einem anderen Maß).
- Ich kann mit diesen Bedürfnissen offener umgehen, ich gestehe sie mir zunächst zu und akzeptiere die Gefühle, die damit verbunden sind. »Es ist in Ordnung, daß ich das brauche.«
- Ich kann mit anderen darüber in einen offenen Austausch kommen; ich kann anmelden, was ich brauche, und hören, wie es den anderen geht. Gemeinsam können wir nach Wegen suchen.

Zusammenfassung

* Es ist eine Grundtatsache menschlichen Lebens, daß wir miteinander in enger Wechselbeziehung stehen, in wechselseitiger Abhängigkeit. Gleichzeitig sind wir zur Selbstbestimmung fähige, denkende Individuen.
Beides ist immer gleichzeitig.

Mit dem Bewußtsein der Wechselbeziehung wächst jedoch unsere Fähigkeit, unsere Gefühle und Erfahrungen zu akzeptieren und über unser Tun in Verantwortung zu entscheiden.

* Menschen haben ein Bedürfnis nach Anerkennung und Bestätigung und ein Bedürfnis nach Sicherheit. Beide Bedürfnisse bestehen von Geburt an und sind ein Verständnishintergrund für Gefühle und Verhaltensweisen in Gruppen.

Im folgenden wird versucht, einige typische Erscheinungsformen in Gruppen auf dem Hintergrund dieser Bedürfnisse anzuschauen und zu beschreiben: die Entwicklung einer Gruppe und Merkmale von Gruppenprozessen.

3. *Die Entwicklung einer Gruppe*

Wenn Menschen im Zusammenleben mit anderen ähnliche Bedürfnisse haben und vergleichbare Erfahrungen machen, liegt es nahe, daß in allen Gruppen ähnliche Abläufe geschehen und eine vergleichbare Entwicklung stattfindet.

Im folgenden werden einige immer wiederkehrende Erscheinungsformen in der Entwicklung von Gruppen aufgezeigt und idealtypisch beschrieben. Die einzelnen »Phasen« laufen allerdings in der Realität nicht genau so und nicht unbedingt in dieser Reihenfolge ab. Es gibt Sprünge von einer Phase in eine viel spätere oder auch Rückschritte in eine frühere, und es erleben auch nicht immer alle Gruppenmitglieder gleichzeitig dieselbe Phase. Trotzdem ist eine solche Systematisierung in Phasen aufschlußreich; sie kann einem Gruppenleiter helfen, Situationen besser wahrzunehmen und zu beobachten und in seinem Programm den Entwicklungsstand der Gruppe zu berücksichtigen.

Beschreibungen von Phasenabläufen in Gruppen gibt es viele. Hier wird ein Modell vorgestellt, das zum einen beobachtbare Verläufe beschreibt, zum anderen auch Perspektiven für eine bewußte und gezielte Gruppenarbeit enthält. Dabei wird hingewiesen auf die Tatsache, daß die Entwicklung der Gruppe stehenbleibt oder vorwärtsgeht, je nachdem welcher Einfluß von den Mitgliedern oder vom Leiter ausgeübt wird. Es geht also um ein Modell, das die Entwicklung der Gruppe der Verantwortung ihrer Mitglieder empfiehlt. Der *rote Faden*, unter dem ich hier die Phasen beschreiben möchte, sind die Bedürfnisse nach Anerkennung und Zugehörigkeit und nach Sicherheit. Sie sind zwar nicht die einzigen Einflußfaktoren für die Gruppenentwicklung, spielen aber eine sehr bedeutende Rolle.

3.1. Fremdheitsphase

Wenn Menschen neu in eine Gruppe kommen oder sich in einer Gruppe zusammenfinden, fühlen sie sich einerseits oft neugierig und gespannt, andererseits unsicher und gehemmt, angespannt und ausgeliefert. Es ist ja auch *die* Situation und *der* Zeitpunkt, an dem beide Grundbedürfnisse, das nach Anerkennung und das nach Sicherheit, fast gar nicht erfüllt werden. Ich weiß noch nichts: Wie werden wohl die anderen sein? Wie komme ich an? Werde ich einen Platz finden? Wie geht es hier zu? Was ist hier richtig?

Ich habe auf der einen Seite den Wunsch, zur Gruppe zu gehören, und auf der anderen Seite Angst, ob ich so bleiben kann, wie ich bin, oder ob von mir ganz anderes oder neues Verhalten erwartet wird. Solange ich nicht weiß, ob ich wenigstens von einigen Mitgliedern oder vom Leiter akzeptiert werde, fühle ich mich gefährdet, bin ich eher ängstlich. Wie stark diese Gefühle beim einzelnen sind, hängt davon ab, wie er sich selbst bisher in anderen Gruppen erlebt hat, wie er dort akzeptiert wurde oder in welchen anderen Gruppen er daheim ist und angenommen wird.

Diese innere Verfassung ergibt zwei widersprüchliche Verhaltenstendenzen, die oft gut beobachtbar sind: aufeinander zu – voneinander weg. »Man« tastet sich ab, beobachtet sich, sucht erste Sicherheiten zu gewinnen, indem man sich wenigstens einem Teilnehmer annähert. Man orientiert sich, wer wie denkt und wem man trauen kann, man richtet sich gerne nach irgend jemandem aus, am liebsten nach dem Gruppenleiter, von dem man sich Sicherheit und Verhaltensorientierung verspricht. *Er* muß ja wissen, wie es hier zugehen soll. *Er* wird ja wohl die Regeln der Gruppe kennen.

Weil diese Situation noch ganz offen und ungeklärt ist, entstehen auch sehr schnell, ausgesprochen oder unausgesprochen, Regeln und Normen. Das Bedürfnis nach Sicherheit treibt dazu, möglichst einige Punkte festzuschreiben, um der offenen Situation nicht mehr so hilflos ausgeliefert zu sein. Gruppenmitglieder können durch ihr Verhalten eine Norm in der Gruppe aufstellen, aber auch eine bestimmte, zunächst zufällige Situation kann zu unbewußten Normen in der Gruppe führen.

Zum Beispiel:

- Bestimmte Teilnehmer beteiligen sich (aus welchen Gründen auch immer) sehr stark am Gespräch und Gruppenprogramm. Andere sind sehr zurückhaltend. Ganz leicht entsteht schon hier die Norm, wer in der Gruppe etwas zu sagen hat und wer eher nachfolgen wird.
- Der Gruppenleiter reagiert mit Kritik auf einen Vorschlag eines Gruppenmitgliedes. Das kann zur Norm werden: Vorschläge werden nur vom Leiter gemacht!
- Ein Gruppenmitglied widerspricht einem Vorschlag des Leiters. Der reagiert offen und gelassen. Daraus kann sich unausgesprochen und unbewußt die Norm entwickeln: Hier darf Kritik geübt werden.
- Einige Mitglieder kommen öfter unpünktlich in die ersten Sitzungen. Keiner möchte gerne Kritik anmelden, und niemand sagt etwas. Es kann sich die Norm entwickeln: Wir fangen immer erst eine halbe Stunde später an.

Wie im ersten Beispiel beschrieben, beginnt in dieser Phase auch schon die Rollenfindung oder -zuschreibung in der Gruppe: Der eine ergreift schnell das Wort, und bald schauen ihn alle auffordernd an, wenn es etwas zu entscheiden gibt. Ein anderer ist eher zurückhaltend und schaut eine Zeitlang zu; es kann ihm geschehen, daß die Gruppenmitglieder ihn zunächst übersehen und wenig wahrnehmen. Das wiederum kann sich so auf sein Verhalten auswirken, daß er zum »Schweiger« in der Gruppe wird.

Gruppenleiter und Gruppenprogramm

Der Leiter der Gruppe hat in dieser Phase eine große Bedeutung. Von ihm wird erwartet, daß er Richtungen angibt und von der Unsicherheit entlastet. Sein Verhalten ist Maßstab und Modell. Er wird beobachtet. Vieles, was er tut, wird von den Teilnehmern registriert und unbewußt geordnet und bewertet: Was ist erlaubt, was ist verboten, was wird bestraft, wie darf ich sein? usw.

Je nachdem reagiert einer erleichtert oder verschüchtert, öffnet oder verschließt sich.

Natürlich geschehen dieselben Prozesse auch zwischen den Mitgliedern und von ihnen zum Leiter. Aber durch die offene und ungeklärte Situation hat der Leiter zunächst mehr Gewicht. Wenn z. B. ein Leiter einen Teilnehmer ungerecht behandelt oder lächerlich macht, kann das bei den anderen Angst vor derselben Behandlung hervorrufen, und schon besteht für manche die Norm: Ich darf hier nichts sagen, sonst geht es mir schlecht.

Die beiden genannten Grundbedürfnisse geben schon viele Hinweise, welches Verhalten vom Leiter her hilfreich und wichtig ist und welche Überlegungen in bezug auf das Gruppenprogramm zu beachten sind.

Der Gruppenleiter verhält sich hilfreich und sinnvoll,

- wenn er versucht, jedes Mitglied ernst zu nehmen und wenn er offen und aufmerksam ist;
- wenn er Unsicherheiten wahrnimmt und Hilfen gibt zu ihrer Überwindung (offen ansprechen, eigene Unsicher-

heiten nennen, Verbindungen erleichtern, miteinander etwas tun, Möglichkeiten zum Mitmachen bereitstellen, ermutigen . . .);

- wenn er klare Angaben darüber macht, was vorbereitet und geplant ist bzw. was noch offen ist und miteinander überlegt und getan werden kann; wenn er einen Überblick gibt über Möglichkeiten und Grenzen, über Spielräume und unveränderbare Bedingungen;
- wenn er seine eigene Gefühlssituation anspricht und verständnisvoll ermutigt zum Aussprechen der Gefühle in der neuen Gruppe;
- wenn er sich bewußt immer neu entscheidet, welche Nähe und Distanz zu jedem einzelnen Gruppenmitglied für ihn selbst stimmig ist; wenn er dasselbe auch den Mitgliedern zugestehen kann;
- wenn er sich je nach Situation immer neu entscheidet, wann und wie er sich einbringen oder zurückhalten will, damit er nicht unreflektiert in ein Verhalten gerät, entweder alle Ängste nehmen zu wollen oder alles zu überlassen;
- wenn er durch sein Verhalten beiträgt zum Entstehen hilfreicher Gruppennormen, wie einander zuhören, unterschiedliche Meinungen annehmen, Konflikte zulassen, nachfragen, eigene Schwierigkeiten oder Fragen nennen, usw.;
- wenn er Zusammenarbeit unterstützt und Gelegenheiten zur Beziehungsaufnahme und -klärung wahrnimmt.

Im folgenden werden einige *Methoden* dargestellt, die das *Kennenlernen* und die Beziehungsaufnahme in der Gruppe erleichtern können. Sie müssen jedoch jeweils auf die spezifische Situation einer Gruppe hin reflektiert oder auch verändert werden.

* Namensschilder aufstellen; sich ein Namensschildchen malen und es anstecken; Namen auf breite Tesakrepp-Streifen schreiben und sie sich ankleben.

* Jeder schreibt seinen Namen auf ein Namenskärtchen und geht zu zwei oder drei anderen Teilnehmern, die er noch nicht kennt. Er unterhält sich mit ihnen und läßt sich dann auf der Rückseite ihre Unterschrift geben. Dieses Unterschriftensammeln kann bei größeren Gruppen in Pausen immer weiter fortgesetzt werden.
* Einen Programmpunkt an den Anfang setzen, der es jedem einzelnen leicht ermöglicht, etwas im Kreis zu sagen. Zum Beispiel:
  - Ich heiße ... und ich komme ...
  - Mich führt her ...
  - Ich habe schon erlebt ...
  - Ich möchte hier gern ...

  Sprechen im Kreis kann für den einzelnen wichtig sein: Wenn ich in einem neuen Kreis lange nichts gesagt habe, wird es mir später immer schwerer fallen, diese »Rolle« zu durchbrechen.
* Partner- oder Gruppeninterview: Wer bist du? Was interessiert dich? Wo lebst du? usw.
* Erfahrungen austauschen oder Erwartungen sammeln, die jeder in bezug auf die Gruppe mitbringt.
* In wechselnde Gruppen werden Fragestellungen hineingegeben; die Gruppen verändern sich nach 5–10 Minuten wieder und bekommen eine neue Fragestellung.

  Zum Beispiel:
  - Was hat mich hierher gebracht?
  - Was weiß ich schon über den Zweck der Gruppe, was denke ich mir?
  - Was erwarte/will ich hier?
  - Was befürchte ich, was will ich nicht?

  Der Wechsel der Gruppe kann z. B. zustande kommen:
  - Wer hat in welchem Quartal Geburtstag?
  - Lieblingsfarben.
  - Anfangsbuchstaben des Namens: A–F ...
  - Geschwisterreihe (Einzelkind, zweites Kind ...).
    Bei dieser Gruppenaufteilung legt sich die Frage nahe: Welche Erfahrungen habe ich in dieser Geschwisterreihe gemacht? Eine solche Aufforderung muß allerdings gut auf die Gruppe hin überprüft werden.

Sie fordert vom einzelnen eine sehr persönliche Aussage und setzt Vertrauen und Sicherheit voraus.

3.2. Orientierungsphase, Phase der »Platzfindung«

Nachdem das erste Schauen, Tasten und Suchen einigermaßen abgeschlossen ist, kann sich jeder der nächsten Aufgabe/Tätigkeit zuwenden: einen Platz zu finden in dieser Gruppe. Das ist meist keine bewußte und aktive Tätigkeit, und Menschen machen das je nach ihrer Vorerfahrung oder Art ganz unterschiedlich. Aber jeder braucht, um in einer Gruppe leben zu können, einen »anerkannten«, das heißt von den anderen registrierten Platz. Dieser Platz kann sogar negativ definiert sein: z. B. derjenige sein, der stört. Eine negative Wirkung zu haben ist besser, als gar nicht bemerkt zu werden oder »Luft zu sein« für andere.

Das Bemühen, einen anerkannten Platz zu haben, ist ein durchgängiges Thema für jeden Gruppenteilnehmer. Es ist aber in der neuen Gruppe besonders spürbar, weil es hier darum geht, überhaupt erst einmal einen Platz zu finden oder zu erobern.

Dieses »Platzsuchen« kann je nach unterschiedlicher Eigenart so aussehen: Ich stelle mich dar durch Mitsprechen, Gedanken einbringen, Vorschläge machen, einen anderen angreifen, gegen etwas sein, Witze machen, Ausgleichen von Schwierigkeiten, ganz ruhig und zurückhaltend sein, mich fast unsichtbar machen, scheu sein, lustig sein, mich ganz sicher geben, alles wissen, gewählt sprechen, usw.

Dabei nehmen sich alle unbewußt gegenseitig wahr und ziehen die ersten Schlüsse; sie registrieren die eigenen Chancen oder Nachteile; sie klären, wohin sie passen oder welche Zukunft sie in dieser Gruppe haben werden. Unsichtbar entsteht ein Netz von Gedanken, Wahrnehmungen, Beziehungen, Sympathien und Ablehnungen, das u. a. eng damit zusammenhängt, wie die Grundbedürfnisse nach Anerkennung und Sicherheit befriedigt werden. Dieses Netz oder unsichtbare Geschehen nennt man die »Dynamik einer Gruppe« (Gruppendynamik).

Ich möchte betonen, daß diese Beschreibung von Verhalten hier nicht bewertet wird, auch wenn in konkreten Situationen in Gruppen Bewertung natürlich nicht ausbleibt. Hier geht es aber darum zu verstehen, daß hinter Verhaltensweisen wichtige und berechtigte Bedürfnisse stehen und Menschen sehr unterschiedliche Wege wählen, diese auszudrücken.

Durch die Unterschiede in den Fähigkeiten und im Verhalten der einzelnen Gruppenmitglieder entstehen im Zusammen und Gegeneinander Rangfolgen untereinander oder bestimmte Auffassungen voneinander, wie der eine oder der andere »ist« (vgl. Rollen in der Gruppe, S. 55). Diese Auffassungen hängen zusammen mit dem wahrgenommenen Verhalten des anderen, aber auch mit der eigenen Situation, den eigenen Wertvorstellungen und Verhaltensweisen.

Beispiele:

Einer bringt sich oft sachverständig ein – er nimmt dadurch anderen vielleicht eine Aufgabe ab, die sie nicht so gerne wahrnehmen würden. Er wird der »Fachmann«, auf den jeder hört.

Ein anderer hat am Anfang Schwierigkeiten, sich im Kreis zu äußern. Er gibt damit denen viel Raum, die das vielleicht ganz gerne tun. Er kann dadurch aber zu einem Mitglied werden, von dem man nicht viel erwartet: der »Schweigsame« in der Gruppe.

Ein anderer versteht es, alle immer wieder durch Späße zum Lachen zu bringen. Er nimmt dadurch anderen viel Mühe ab, die sich so etwas weniger zutrauen. Er wird vielleicht zum »Gruppenclown«.

Beim Entstehen von Rollen spielen mehrere Gesichtspunkte mit: die Erwartung und Zuschreibung von den anderen her, eine eigene Vorliebe oder Bereitschaft für ein bestimmtes Verhalten, das Zusammenspiel und die gegenseitige Ergänzung der verschiedenen Rollen (Redner/Schweiger). Die Entstehung von Rollen ist an sich nicht problematisch. Die Gefahr in dieser Phase ist jedoch, daß die hier zunächst nur probeweise gespielten Rollen (wie komme ich am ehesten an?) bald festgeschrieben werden: Ich schreibe dich fest, damit ich weiß, wie du bist und wie ich zu dir stehe! (Bedürfnis nach Sicherheit.) So hat der einzelne wenig Chancen, sich zu verändern. Das ist ein gegenseitiges Spiel: Weil ich *dich so* sehe (so definiere), kann *ich so* sein.

Natürlich wird es auch »Plätze« geben, auf die mehrere Gruppenmitglieder gerne gelangen möchten. Dadurch entstehen oft Spannungen, untergründige Kämpfe. Man setzt sich vielleicht über zufällige sachliche Probleme auseinander, weil keiner sagen kann und weiß, was der eigentliche Anlaß der Spannung ist.

Beispiele:
- Terminstreitigkeiten können unbewußt die Frage beinhalten: »Wer ist hier wichtiger?«
- Organisationsfragen können Ausdruck für einen »Kampf« sein: »Wessen Meinung gilt hier?«
- Gegensätzliche Positionen in einem Sach- oder Inhaltsproblem können bedeuten: »Ich spreche dir hier ab, eine Vorrangstellung einzunehmen.«

Woran kann man erkennen, ob es sich eher um eine solche »Platzfrage« handelt als um eine echte sachliche Meinungsverschiedenheit? Am ehesten kann ich das bei mir selbst erkennen, indem ich mich frage: Was ist es, was mich hier bewegt, so beharrlich mein Anliegen zu vertreten? Wem gegenüber vertrete ich es? Hat das nicht nur sachliche Bedeutung? (Vgl. Inhalts- und Beziehungsaspekt in der Kommunikation, S. 76.) Wenn ich selbst unbeteiligt bin, kann mir die Beobachtung der Situation Aufschlüsse geben: Wenn z. B. das emotionale Engagement der Beteiligten außergewöhnlich hoch, die Sache, um die es geht, aber eher unbedeutend ist, liegt es nahe, daß es mehr um eine Beziehungs- als um eine Sachfrage geht.

Gruppenleiter und Gruppenprogramm

Für den Gruppenleiter ist diese Phase oft schwierig. Zum einen ist er selbst betroffen, weil auch er sich um seinen »Platz« mühen muß. Zum anderen wird er einbezogen in die Bestrebungen der Gruppenmitglieder: Er wird vielleicht in seiner Position oder Meinung provokativ in Frage gestellt; einzelne versuchen, ihn für sich zu vereinnahmen, um die eigene Macht zu stärken; er kommt in Versuchung, die widerstrebenden Kräfte sachlich einigen zu wollen, und erlebt, daß er keinen Schritt weiterkommt, bzw. daß der Kampf an anderer Stelle erneut wach wird, weil das Bedürfnis, das hinter der Sachauseinandersetzung steht, noch nicht befriedigt ist.

Es ist verständlich, daß diese Phase fast notwendigerweise mit Unsicherheit und auch Angst verbunden ist, sowohl auf seiten der Gruppenteilnehmer wie auf seiten des Gruppenleiters, und daß sie deshalb oft belastend erlebt und negativ bewertet wird. Deshalb ist es sehr wichtig, daß sich der Leiter klarmacht, worum es eigentlich geht:

- Jedes einzelne Mitglied braucht *Anerkennung*, um in der Gruppe bleiben zu können. Jeder braucht ein Stück *Sicherheit*, um nicht ständig beunruhigt und orientierungslos zu sein. Jeder möchte gerne *Einfluß* haben, das heißt in irgendeinem Sinn wichtig sein für die anderen. Insgesamt geht es um die Klärung der Beziehungen untereinander und um die Frage: Kann ich und will ich in dieser Gruppe bleiben? Bekomme ich hier, was ich brauche? Sind Leute hier, denen ich etwas geben will?

  Denn kein Mensch kann sich in einer Gruppe entfalten oder arbeiten, solange er nicht eine grundlegende Sicherheit erreicht hat.

Weder das Suchen nach einem Platz noch der Grund, warum dies geschieht, sind also negativ zu bewerten. Negativ kann höchstens die Art und Weise des Umgangs mit diesem Bedürfnis sein, wenn einzelne sich z. B. einseitig auf Kosten anderer ihren Platz schaffen, ohne das auch nur wahrzunehmen.

Was kann der Gruppenleiter in dieser Phase tun? Zunächst kann er die verschiedenen Teilnehmer darin unterstützen, sich ins Spiel zu bringen, vor allem diejenigen, die sich selbst damit schwertun. Das geschieht z. B. durch Untergruppenarbeit, in der sich manche leichter äußern können; durch die Frage nach Wünschen und Bedürfnissen; durch verschiedene methodische Hilfen, die nicht nur den Redegewandten den Zugang ermöglichen. Es ist jedoch sehr wichtig, diese Phase nicht nur durch Untergruppenarbeit lösen zu wollen, auch wenn von den Teilnehmern sehr häufig der Wunsch danach geäußert wird. Das kann auch eine Flucht sein vor den anstrengenden Klärungen in der Gesamtgruppe, denn in der Untergruppe finden sich ja die zusammen, die sich einig sind. Deshalb muß die Frage der »Platzfindung« und -zuerkennung letztlich in der Großgruppe ausgestanden werden, sonst bricht sie immer wieder neu auf, und die Gruppe spaltet sich.

Wenn der Leiter selbst Hintergründe für das Verhalten und die Gefühle in dieser Phase kennt, braucht er nicht so schnell in Panik oder Angst zu verfallen und kann darauf achten, daß die untergründigen Spannungen oder die Verhaltensweisen einzelner nicht negativ bewertet werden.

Wenn er selbst etwas über seine Gefühle oder auch Unsicherheiten sagt, gibt er anderen eventuell ein Signal, daß diese Gefühle »erlaubt« und »salonfähig« sind und nicht verschwiegen werden müssen. Der Leiter kann Spannungen, die er in der Gruppe spürt, akzeptierend ansprechen, so daß schließlich auch schwierige Gefühle oder Stimmungen zum öffentlichen und akzeptierten Gegenstand der Gruppe werden. Damit verlieren sie viel von ihrer Belastung und werden bearbeitbar. Die Gruppe kann dann über das Geschehen nachdenken, die Bedürfnisse aller Teilnehmer mehr berücksichtigen lernen und die Gruppenentwicklung bewußt und verantwortungsvoll mitentscheiden.

Das wichtigste Mittel der Beeinflussung oder Steuerung von Gruppenprozessen ist für den Gruppenleiter also sein eigenes Verhalten, das auch Modell und Maßstab wird für das Verhalten von Mitgliedern: Wie er mit anderen spricht, ihre Meinung ernst nimmt, seine eigenen Bedürfnisse anmeldet, erlebte Kränkungen ausspricht, Wünsche an andere formuliert, wird von den Teilnehmern wahrgenommen; sein Verhalten wird befreiend oder einengend erlebt und bei positiver Beurteilung übernommen und weitergeführt.

Diese Phase ist entscheidend, weil hier der Grund gelegt wird für den Stil des Miteinander-Umgehens, für die Normen und Regeln der Gruppe und für die Möglichkeit, daß Bedürfnisse einzelner in der Gruppe berücksichtigt werden. Mitglieder, die keinen Platz finden, oder deren Bedürfnisse keinen Raum erhalten, werden hier die Gruppe verlassen. Gruppenaustritte in dieser Phase können unter diesem Gesichtspunkt betrachtet werden.

Diese Phase muß nicht immer so stürmisch oder kämpferisch verlaufen, wie das hier zunächst den Anschein hat. Wenn genügend gegenseitige Signale gegeben werden, daß jeder dem anderen Raum geben will und auch sein eigenes Bedürfnis anmeldet, wird sie ruhig und ausgeglichen verlaufen. Wichtig ist aber, daß dieser Entwicklungsschritt nötig ist und daß die Bedürfnisse nach Anerkennung und Sicherheit vorhanden sind und sich durch das »Platz-Suchen« ausdrücken.

Es gibt zwei mögliche Ausgänge dieser Entwicklungsphase: Wenn die Beziehungen nicht geklärt und die Spannungen nicht offen ausgetragen werden, wenn die Bedürfnisse der einzelnen nicht befriedigt werden, so kann die Gruppe sehr lange, unter Umständen jahrelang in dieser spannungsreichen Phase bleiben, sie eventuell nie bewältigen. Die Gruppe kann auch auseinanderfallen.

Wenn die Phase gut bewältigt wird, wenn letztlich jeder einen Platz gefunden hat, den er selbst und auch die anderen anerkennen können, so wird das als große Erleichterung untereinander erlebt. Die Gruppe gelangt dann in ein nächstes Stadium.

3.3. Vertrautheitsphase

Jeder hat einen anerkannten Platz in der Gruppe gefunden, d. h., jeder weiß in etwa, was er von sich und den anderen zu halten hat und wie er mit jedem umgehen kann. Das vermittelt Sicherheit. Man »kennt« gegenseitig seine Stärken und Schwächen und wird mit ihnen wenigstens vorläufig akzeptiert. Das gibt viel Auftrieb, Freude aneinander und an sich selbst; ich brauche mich nicht dauernd anzustrengen oder zu verstecken. Vor allem nach der Beunruhigung der letzten Phase wird dies als große Erleichterung erlebt.

Das ist auch gut verständlich: Ich fühle mich von den anderen getragen; ich weiß, daß ich zu ihnen gehöre, und ich bin geborgen. Wir haben schon gemeinsame Erfahrungen; wir haben bestimmte »Regeln« des Miteinander-Umgehens; wir wissen, was bei uns gut ankommt und gefällt und was jeder dazu beitragen kann. Wir haben ein erstes Selbstverständnis als Gruppe gefunden. Das drückt sich auch schon in der Sprache aus. Das Wort »wir« wird oft benutzt. Diese Phase wird deshalb auch »Wir-Phase« genannt. »Wir denken. . . wir möchten. . . wir fühlen. . .«

Die Gruppe verstärkt alles, was die Zusammengehörigkeit betont. Es entsteht z. B. oft eine »Gruppensprache«, die nur Eingeweihte verstehen: bestimmte Worte oder Erinnerungen genügen schon, ein geheimes Einverständnis herzustellen. Und dies wiederum verstärkt natürlich jeweils neu das Bewußtsein der Zusammengehörigkeit. Manche Gruppen betonen das »Wir« durch gleiche Kleidung oder Symbole. Die Gruppe hat in dieser Zeit auch viel Kraft, gemeinsam etwas anzupacken oder zu unternehmen. Man trennt sich oft ungern voneinander, weil wohl der einzelne unbewußt spürt, daß er seine Identität in dieser Phase vor allem durch die Zugehörigkeit zu der Gruppe erfährt.

Vieles an dieser Phase ist befriedigend und gut, auch für die persönliche Entfaltungsmöglichkeit der Gruppenteilnehmer. Aber die Phase hat auch problematische Anteile und kann sich negativ entwickeln. Gerade *weil* das Platz-Suchen so beunruhigend anstrengend ist, neigen Gruppen sehr leicht dazu, *vorschnelle* Vertrautheit aufzusuchen und festzuschreiben, damit ja nichts und niemand mehr stören kann. Man definiert Übereinstimmung und leugnet Unterschiedlichkeit, weil das eben sicherer macht. Das »Wir« wird zur Norm. Individuelle Meinungen werden unterdrückt, Abweichungen von der Gruppennorm mit Ablehnung bestraft. Es wird Sicherheit und Zugehörigkeit angeboten, aber um den Preis der Aufgabe der Individualität. Dann kapselt sich die Gruppe auch gegen außen ab. Sie läßt nichts Neues an sich heran, weil alles Neue als Störung der gewonnenen Einmütigkeit erlebt wird. Auch neue Mitglieder würden die »Gemeinschaft« gefährden und werden deshalb nicht zugelassen. Die Gruppe scheint nach außen stabil und stark und ist doch innerlich letztlich nicht tragfähig. Viele Gruppen verharren in diesem Stadium.

Es gibt also – wie auch in der zweiten Phase – eine positive und eine negative Form der Entwicklung in diesem Stadium.

Positiv entwickelt sich die Gruppe dann, wenn das entstehende Vertrauen dazu benutzt wird, daß der einzelne sich mehr exponieren und einbringen kann, mehr wagt, etwas zum Gruppengeschehen beizutragen. Dazu gehört, daß bestehende Spannungen zwischen den Mitgliedern, verschiedene Meinungen und Ansichten und unterschiedliche Wahrnehmungen und Bedürfnisse nicht verleugnet und »verboten« werden, sondern offenes Thema in der Gruppe bleiben bzw. werden. Dazu wiederum kann der Gruppenleiter viel beitragen, indem er selbst ermutigt, an den Beziehungen in der

Gruppe zu arbeiten. Im Grunde geht es darum, ganz andere Verhaltensweisen und Normen zu finden und aufzustellen als die, die wir im Alltag kennen: offen über Schwierigkeiten sprechen; Unterschiede dürfen sein; ich brauche nicht so zu sein wie du; Unterschied bedeutet nicht automatisch Angriff oder Trennung; wir können zusammen leben und arbeiten, auch wenn wir immer wieder neu die Bedingungen aushandeln müssen.

Gruppenleiter und Gruppenprogramm

Was kann ein Leiter in dieser Phase tun, um die positive Entwicklung der Gruppe zu fördern?
Er kann
- die Verantwortung für das Gruppengeschehen und die Inhalte mit den Teilnehmern teilen; darauf achten und unter Umständen aufmerksam machen, daß Rollen-/Aufgabenerledigungen nicht auf einzelne Teilnehmer fixiert werden;
- durch eigenes Verhalten, aber auch durch Ansprechen von beobachteten Situationen dabei helfen, daß über Gefühle, Erfahrungen und Konflikte offen gesprochen wird und daß unterschiedliche Meinungen gegenseitig akzeptiert werden; darauf achten, daß die Gruppe nicht vorschnelle Lösungen anstrebt, durch die einzelne übermachtet oder Konflikte verdrängt werden;
- immer wieder anregen, über die bewußten und unbewußten Normen in der Gruppe zu sprechen; sie aushandeln unter Berücksichtigung der Bedürfnisse der Teilnehmer und der gemeinsamen Ziele;
- mit der Gruppe etwas tun; an einer Sache arbeiten; Erlebnisse haben; die Stärken jedes einzelnen herausfinden und zum Zug kommen lassen.

3.4. Differenzierungsphase

Die Gruppe gelangt in die Differenzierungsphase, wenn sie die Vertrautheitsphase positiv bewältigt.

»Differenzieren« heißt »unterscheiden«. Das bedeutet, bezogen auf die Gruppenentwicklung:

Wir kennen unsere Wünsche nach Harmonie, Einigkeit und Gemeinschaft und möchten sie uns so gut wie möglich erfüllen. Wir erkennen aber auch bewußt an, daß es Unterschiede zwischen Menschen/Gruppenmitgliedern gibt, und versuchen, mit diesen offen zu leben. Wir verstehen Unterschiede nicht als Angriff und Kampfmittel, sondern als Aufforderung zu produktiver, einander achtender Auseinandersetzung. Konflikte sind nicht »Pannen« im Zusammenleben, sondern normale Zeichen unserer Unterschiedlichkeit. Sie können durch gemeinsame Anstrengung so gelöst werden, daß alle damit leben können. Beziehungen sind immer verletzbar, wir müssen ständig offen an ihnen weiterarbeiten.

Die vierte Phase beginnt also, wenn die Gruppenmitglieder gelernt haben, sich in ihrer Unterschiedlichkeit zu akzeptieren und in den oben beschriebenen Einstellungen zusammenzuleben. Das ergibt sich natürlich nicht von selbst. Die Erreichung dieser Phase ist abhängig vom Einsatz und Willen der Gruppenmitglieder und ihres Leiters. Sie beinhaltet die Einsicht, daß das Arbeiten an der Gruppe immer weitergeht und von allen getragen werden muß. Die Differenzierung ist also eher ein Ziel, eine Zielphase der Gruppenarbeit, die einer bestimmten Auffassung von sinnvollem menschlichen Zusammenleben entspricht (vgl. Teil II).

Während in der dritten Phase die Gruppe als Ganzes mehr im Blick war (Wir!), gewinnt nun der einzelne in seiner Eigenart Konturen und Bedeutung. Unterschiedlichkeiten werden als Chance für Gewinn und als Motor für Veränderungen begriffen. Weil jeder so sein kann, wie er ist, und weil er nicht festgeschrieben wird auf ein bestimmtes Gesicht, kann er auch neues Verhalten ausprobieren und sich deshalb auch verändern. Dies erst gibt wirkliche Anerkennung und Sicherheit, weil jeder als eigenständige Person akzeptiert wird.

Die Gruppe braucht sich auch nicht mehr abzuschirmen nach außen. Sie kann offenbleiben, weil Anfragen und Ansprüche sie nicht gefährden, sondern sie zu Auseinandersetzungen anregen. Das bedeutet, daß in der Gruppe viel Energie, Kraft und Initiative ist. Rollen können geändert werden, man kann auch darüber sprechen, wie sich jeder selbst gern entwickeln und verändern will.

Der Gruppenleiter wird mehr zum Teil der Gruppe; Gruppenleitung ist gemeinsame Aufgabe.

Die Rolle des Gruppenleiters in dieser Phase ist vor allem die des Unterstützers und des Anregers. Wenn es nötig ist, erinnert er an die gemeinsam formulierten Ziele, er hilft bei Auseinandersetzung und Klärung. Wie auch in den bisherigen Phasen ist vor allem die Echtheit und Stimmigkeit seines eigenen Verhaltens angefragt. Gruppenprogramm kann hier alles sein; jeder kann Interessen und Anliegen einbringen.

Gerade bei der Beschreibung dieser Phase wird deutlich, daß die einzelnen Phasen nicht festgeschriebene oder unbedingt nacheinander ablaufende Stufen von Gruppen sind. Eher könnte man sie als *Erlebnisweisen* bezeichnen, die in der Dynamik einer Gruppe vorkommen, angestrebt werden und im Zusammenhang mit inneren und äußeren Faktoren der Gruppe sich wieder verändern und vorwärts- oder zurückentwickeln. An der Erreichung oder Beibehaltung der vierten Phase muß ständig gearbeitet werden: Es geht ja um nichts Geringeres als um die Berücksichtigung der Tatsache, daß der Mensch Individuum ist und gleichzeitig immer in sozialen Bezügen steht und sich und anderen gegenüber Verantwortung trägt.

3.5. Abschlußphase

Gruppen haben auch ein Ende. Diese Tatsache wird oft verleugnet und krampfhaft vermieden, weil es angst macht, wenn Beziehungen schwach werden und abbrechen. Trennung tut weh – auch die Trennung, die durch emotionale innere Distanz eigentlich längst vollzogen ist. Im Augenblick des endgültigen Vollzugs wird die Vergangenheit und die Erinnerung an gemeinsame Erlebnisse wach. Sicherlich werden dabei tief in uns unbewußte Früherfahrungen von Trennung und Ablösung lebendig, die damals lebensbedrohend erlebt wurden und es uns heute schwermachen, die Beendigung einer Beziehung als eine Realität zu akzeptieren, die nicht mehr unbedingt existentiell gefährdend sein muß. Dazu kommt, daß (wohl aus dem gleichen Hintergrund) das Ende einer Gruppe oft mit Versagensängsten und Schuldgefühlen verbunden ist: »Ich habe es nicht geschafft, Beziehung zu halten. Ich verlasse jemanden. Ich werde verlassen.«

Diese Gefühle werden meist nicht bewußt wahrgenommen. Sie werden spürbar im Verhalten der Teilnehmer. Es wird von früher erzählt, das Gemeinsame wird beschworen, so als wolle man sagen: »Es war in Ordnung, auch wenn es jetzt zu Ende geht – aber ich befürchte, es war doch etwas nicht in Ordnung.«

Die Gruppenmitglieder fallen manchmal zurück in Verhaltensweisen der ersten Phase; sie schauen wieder auf den Gruppenleiter, der sagen soll, wie alles geregelt werden kann und dem erneut die Verantwortung übergeben wird; sie schließen sich noch einmal ganz eng aneinander und sagen sich, wie sehr sie sich brauchen; sie suchen noch einmal denjenigen, der an allem schuld ist, so daß sie sich selbst entlasten können.

Die positive Bewältigung dieser Phase ist wichtig, damit jedes Gruppenmitglied die Gruppe »aktiv« und einverstanden aufgeben kann und keine diffusen und ungeklärten Gefühle zurückbehält. Die Wege dazu sind unterschiedlich, weil auch die Gründe des Gruppenabschlusses differieren. Eine Gruppe hört z. B. auf, weil sie von vornherein auf ein Ende hin angelegt, d. h. für eine bestimmte Zeitspanne geplant war (Bildungsveranstaltungen, Arbeitskreise usw.). Diese Art Schluß ist für die Mitglieder leichter, weil einige der vorher genannten Ängste wegfallen. Hier geht es vor allem darum, das gemeinsam Erlebte zu reflektieren, wichtige Punkte für jeden festzuhalten und die nächsten Schritte zu überlegen, die der einzelne nun tun will. Vorausschauend kann überlegt werden, welche Schwierigkeiten auf einen zukommen werden und was er tun kann, um sie zu bewältigen.

Eine Gruppe kann auch aufhören, weil die Mitglieder kein gemeinsames Anliegen oder Ziel mehr haben. Das ist eine schwierigere Situation, weil sie erfordert, dies voreinander einzugestehen. Hier spielen die vorher genannten frühen Trennungsängste mit, die es mir nur schwer erlauben, den anderen Mitgliedern gegenüber auszusprechen, daß ich sie nicht mehr brauche oder daß andere Menschen wichtiger geworden sind. Je offener aber in einer Gruppe darüber gesprochen werden kann, desto eher lernen die Mitglieder, solche Situationen zu bewältigen und auch in Zukunft angstfreier anzugehen. Sie lernen, daß Trennung heute für sie etwas anderes bedeutet als früher. Trennung zu ertragen und positiv zu bewältigen ist eine Lebensaufgabe. Am Beispiel der Gruppenauflösung kann sie eingeübt werden.

Gruppenleiter und Gruppenprogramm

In dieser Phase bekommt der Gruppenleiter wieder eine wichtige Funktion. Er kann die Gruppe bzw. den einzelnen unterstützen, die Trennungsarbeit aktiv anzugehen. Er wird dabei aber auch mit dem Widerstand der Gruppe rechnen müssen, weil dies eben unangenehme Themen und Aufgaben sind.

Im einzelnen sind folgende Gedanken wichtig:

- Trennung beginnt nicht erst am Ende einer Gruppe. Das Thema »Ende« kann entweder immer schon mit im Blick sein (bei Gruppen, die auf eine bestimmte Zeit hin angelegt sind) oder sollte immer wieder einmal durch Zwischenreflexionen angeschnitten werden: Was war im letzten Abschnitt? Möchten wir zusammen weitergehen? Was ist im Augenblick unser Ziel? Welchen Zeitraum fassen wir ins Auge? Was möchten wir gerne verändern?
- Zur Trennung gehört der Blick in die Vergangenheit: Was habe ich erlebt? Wie ist es mir in der Gruppe ergangen? Welchen Weg bin ich gegangen? Was hat mich dabei gefördert, was behindert? Wie ging es mir mit den Weggefährten? Wie sehe ich diese Zeit für mich an?
- Auch der Blick in die Gegenwart ist wichtig: Was ist mein Standort heute? Was ist mir jetzt wichtig? Wie stehe ich zu den anderen?
- Die Zukunft kann vorausdenkend angeschaut werden: Was sind meine nächsten Schritte? Mit welchen Schwierigkeiten muß ich rechnen? Wie kann ich sie angehen? Was brauche ich dazu an Hilfen? Was tue ich, wenn es schwierig wird?

Das alles braucht nicht mit einem Mal angegangen zu werden, und es geht auch nicht darum, daß alles *ausgesprochen* werden muß. Ich halte zwar hier die verbale Mitteilung für außerordentlich wichtig, weil in dieser Phase nicht nur gefühlsmäßige Wahrnehmung, sondern auch Verarbeitung nötig ist. Aber das Gespräch, die Mitteilung kann erleichtert und vorbereitet werden durch verschiedene nonverbale Methoden, zum Beispiel:

- Ein Bild malen: Wie sehe ich die Gruppe heute?
- Ein Bild aus einem Fotostapel aussuchen: Was wünsche ich mir für meine Zukunft?
- Einen Brief an mich selbst schreiben (ich öffne ihn wieder nach 4 Wochen): »Was nehme ich mir vor?« usw.

Weitere Methodenvorschläge für diese Phase vgl. Teil V, Reflexion des Gruppengeschehens.

Gruppenentwicklung im Überblick

\+ = eher positive Entwicklung
– = eher negative Entwicklung

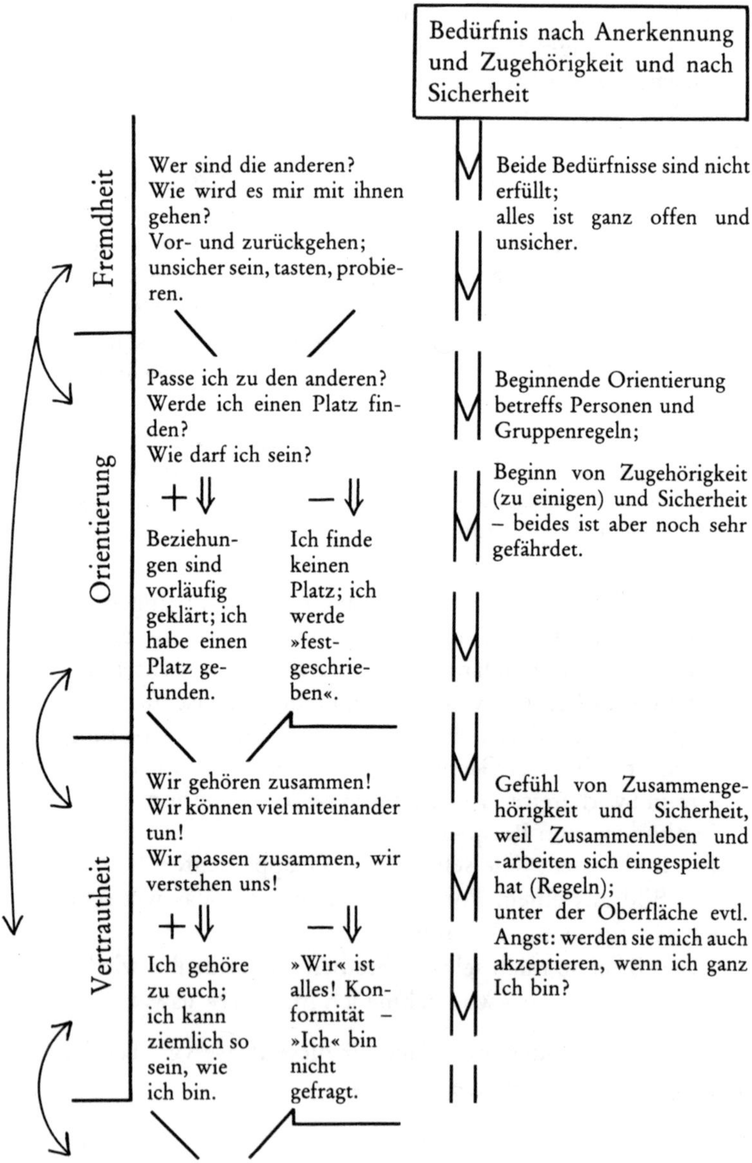

Phase		
Differenzierung	Ich bin Ich und Du bist Du. Wir können Rollen verhandeln und tauschen. Unterschiedlich sein und Konflikte haben gehören zur Gruppe.	Echte Anerkennung, Zugehörigkeit und Sicherheit, weil jeder akzeptiert wird, wie er ist, und sich nicht verstellen muß.
Ende	Werden wir uns trennen? (Müssen wir uns trennen?) Was wird dann mit uns/mit mir geschehen? Ist unsere gemeinsame Zeit vorbei?	Angst vor Verlust der Zugehörigkeit; Sicherheit kommt ins Wanken; Orientierungsverlust; auch: Freude über das Vergangene; Hoffnung auf die Zukunft.
Abschluß	+ ⇓ Was haben wir erlebt? Was gewonnen? Wie will ich weitergehen? — − ⇓ Ich/wir haben versagt; wer ist schuld?	

3.6. Zusammenfassung

- Die Beschreibung der Gruppenentwicklung in »Phasen« gründet auf der beobachtbaren Tatsache, daß vergleichbare Phänomene – fast wie Gesetzmäßigkeiten – als Erfahrungen, Gefühle und Verhaltensweisen immer wieder in Gruppen auftauchen.
- Die Beschreibung in Phasen bedeutet aber nicht, daß die Entwicklung in jeder Gruppe durch alle Stufen geht oder immer in dieser Reihenfolge abläuft. Es gibt Gruppen, die schon in der zweiten Phase steckenbleiben, und Phasen können auch übersprungen oder wiederholt werden.
- Die Phasenbeschreibung dient der Gruppe und ihrem Leiter zur Wahrnehmung und Einordnung von Erfahrungen, Gefühlen und Verhaltensweisen, zum Erkennen des Standortes und zur gemeinsamen Reflexion und immer neuen Zielformulierung. Denn vor allem die vierte Phase (Differenzierung) ermöglicht dem einzelnen Mitglied die größtmögliche Entfaltung und die Ausnutzung der Gruppe mit ihren positiven Potentialen. Sie ist also auch Zielphase, auf die hin gemeinsam gearbeitet werden kann.

4. Zu einigen Begriffen aus dem Gruppenprozeß

Wenn von Gruppen die Rede ist, tauchen bestimmte Begriffe immer wieder auf. Einige werden hier noch einmal herausgegriffen und dargestellt: Gruppenstruktur, Normen und Sanktionen, Gruppendruck/Konformitätsdruck, Rollen und Konflikte. Diese Gruppenphänomene sind in die bisher beschriebenen Zusammenhänge einzuordnen und aus ihnen heraus zu verstehen.

4.1. Gruppenstruktur

Dieser Begriff meint fast alles, was in Gruppen beschrieben wird: Die Entwicklung und Art der Beziehung, die Normenbildung, die Macht- und Rollenverteilung, die Führung, das Aufgabenverständnis usw.

»Struktur« meint die jeweilige Art, Anordnung oder Aufteilung z. B.: »Das Beziehungsmuster in der Gruppe hat folgende Struktur. . .«

Strukturen in Gruppen – bezogen auf alle Bereiche – neigen zu Festschreibung: Es scheint eben für uns Menschen schwierig zu sein, ungeklärte oder offene Strukturen zu ertragen.

4.2. Normen und Sanktionen

Unter »Normen« versteht man die ausgesprochenen und unausgesprochenen Regeln und »Gesetze«, die das Denken und Verhalten der Gruppenmitglieder bestimmen. Sie entstehen zum Teil aus dem Bedürfnis, unsichere und ungewisse Situationen zu strukturieren und das komplexe Geschehen des Zusammenlebens erträglicher zu machen.

Regeln/Normen sind nötig für das Zusammenleben von Menschen. Sie sind vor allem hilfreich in der Form von Absprachen und Vereinbarungen, an denen viele beteiligt sind und deren Sinn allen deutlich ist. So sind Normbildungen bewußte Vorgänge, die immer wieder überprüft und dem gemeinsamen Ziel/Wert untergeordnet werden können.

Beispiel:

- Weil es uns wichtig ist, daß jeder sich möglichst gut entfalten kann, verteilen wir die Aufgaben in der Gruppe immer wieder neu.
- Weil es uns wichtig ist, daß jeder akzeptiert wird, hören wir einander gut zu.
- Wir sprechen ab, daß wir pünktlich mit unserer Sitzung beginnen. Wer nicht kommen kann, sagt jemandem Bescheid. Wir stellen die Tische und Stühle jeweils so, daß jeder jeden sehen kann, damit wir besser miteinander sprechen können ...
- Konflikte gehören zu unserem Gruppenleben. Wir versuchen, in Konfliktsituationen jeden anzuhören.

Normen in der Gruppe können sich also auf die Organisation *und* die Kommunikation beziehen, sie regeln den Zusammenhalt der Gruppe.

Normen schleichen sich aber auch unbewußt und unbemerkt ein und der einzelne richtet sich nach ihnen, meist ohne daß er es selbst weiß.

Beispiele:

- Über die ... denken »wir« so ...
- Jeder erzählt nur von Erfolgen; Mißerfolge sind nicht »in« (oder umgekehrt).
- Jeder hat einen Stammplatz im Kreis.
- Wenn der Leiter seine Meinung gesagt hat, wird die Diskussion beendet.
- Wenn X etwas sagt, lächelt »man«.
- »Es« wird Dialekt gesprochen.
- Über »Frieden« z. B. wird nicht gesprochen.

Wie entstehen solche Normen?

Beispiele:

- Bei einer Fortbildungsveranstaltung kommen 25 Menschen neu zusammen. Weil alle unbekannt sind, werden große Namenskarten gemalt und jeder stellt sein Schild vor sich hin in den Kreis. Natürlich sucht jeder jedesmal wieder seinen Stuhl und seine Karte auf. Nach zwei Tagen sind alle Namen bekannt – die Karten verschwinden. Erstaunlicherweise behalten alle ihre Plätze bei, obwohl kein äußerer Grund mehr dafür spricht. Es ist die Norm entstanden: Jeder hat seinen angestammten Platz.
- In einer anderen, ähnlichen Veranstaltung wird das gleiche praktiziert. Auch der Gruppenleiter hat ein Namensschild. Bei jeder neuen Sitzung nimmt er sein Schild und setzt sich auf einen anderen Platz. Ohne ein Wort der Absprache machen das andere auch. Hier ist die Norm entstanden: Wir wechseln immer wieder die Plätze.
- In einer anderen Gruppe bekommt der Leiter nach einigen Tagen von Mitgliedern gesagt: »Was waren wir froh, daß Sie gleich zu Beginn Dialekt sprachen, da wußten wir, daß man das hier darf.«
- Beim Treffen der Jugendlichen zur Vorbereitung auf die Firmung/Konfirmation wählt jeder Jugendliche ein Bild aus, das ausdrückt, was ihm in seinem Leben wichtig ist. Jeder sagt etwas zu seinem Bild. Anschließende Kommentare von einigen Jugendlichen: »Hier darf man ja tatsächlich sagen, was einem einfällt; es war nichts falsch. Wir haben gedacht, wir dürfen nur religiös reden.« Die Norm war da: »Was ich denke und sage ist wichtig. (Vielleicht sogar: »Ich bin wichtig.«?) Was ich sage, ist nicht falsch.«

Normen entstehen also fast nebenbei – durch Verhalten einzelner, das abgeschaut wird; durch Programmgestaltung und -vorgaben; durch die methodische Anlage eines Treffens; durch von außen vorgegebene Faktoren usw.

Normen sind positiv oder negativ zu bewerten, je nachdem, was sie für die Gruppenmitglieder bewirken: Entfaltungsmöglichkeit *oder* Einengung und Zwang zur Verstellung.

Zwei Dinge sind also für die positive Entwicklung einer Gruppe wichtig:

- die bewußte Entscheidung für positive Normen (d. h. Normen, die für den einzelnen und für die Gruppe hilfreich sind),

- die Reflexion der bewußt und unbewußt entstandenen Normen mit ihrer Wirkung auf die einzelnen, das Zusammenleben und die Zielerreichung.

Was geschieht, wenn Normen nicht eingehalten werden? Wenn Gruppenmitglieder gegen Normen verstoßen, bekommen sie das zu spüren. Bei den vereinbarten und allen bekannten Normen ist das relativ einfach. Die anderen wehren sich gegen die Nichteinhaltung, erfragen Gründe, weisen auf Absprachen hin, verwarnen oder fordern die eventuell auch vereinbarten Strafen ein (z. B.: wer zu spät kommt, soll einen Geldbetrag in die Gemeinschaftskasse legen).

Schwieriger ist es bei den eher unbewußten Normen, die sich im Lauf der Geschichte der Gruppe herausentwickelt haben. Die Nichteinhaltung solcher Normen wird auch bestraft (sanktioniert), allerdings auch nicht bewußt, nicht offen und nicht konkret festmachbar. Die Gruppe hält damit alles von sich fern, was sie verunsichern könnte. Strafen/Sanktionen können so aussehen: Das störende Mitglied wird übersehen; seine Beiträge werden überhört; man lächelt sich über seinen Kopf hinweg zu; es wird im geheimen intrigiert; das Mitglied wird lächerlich gemacht oder wie Luft behandelt, isoliert und abgewertet; oder es werden ihm Informationen vorenthalten, so daß es nicht mehr mitreden kann.

Das sind Prozesse, die oft sehr schnell, ohne gezielte Absicht und vor allem fast unbemerkt ablaufen:

Einer sagt oder will etwas, was »nicht paßt« (Nicht den Normen entspricht); er wird übergangen, man geht weiter zum nächsten Thema.

Jemand vertritt bei einem Glaubensgespräch die Meinung, mit kleinen Kindern sollte nicht gebetet werden. Die anderen erklären ihn einmütig zum lauen Christen.

Bei einem Mitarbeiterfest in der Pfarrgemeinde erklärt eine Frau, sie ärgere sich manchmal, weil sich ihr Mann so übermäßig engagiere. Die andern Frauen fallen über sie her, wie undankbar sie über die schönen Fähigkeiten ihres Mannes sei.

Diese Sanktionen »leben« von der Angst vor Ablehnung und Ausschluß. Beim »Bestraften« bleibt das Gefühl zurück, danebengetreten zu sein, etwas falsch gemacht zu haben, danebenzuliegen. Das alles sind Gefühle, die sagen: »Du gehörst nicht dazu, wenn du dich so verhältst.«

Die Zugehörigkeit zu einer Gruppe kann aber für jemanden wichtiger sein als die Möglichkeit, seine Gedanken und Meinungen frei äußern zu können. Dann wird derjenige zumindest in der Gruppe seine Eigenständigkeit aufgeben zugunsten der Gruppenmeinung.

Zusammengefaßt:
Normen gehören zum Zusammenleben und sind wichtig. Wenn sie vor allem aus offenen und zwischen allen Teilnehmern abgeklärten Vereinbarungen zur Regelung des Gruppenlebens bestehen, tragen sie bei zu einem positiven Gruppenklima. Es ist jedoch negativ zu bewerten, wenn Normierung und in ihrer Folge Bestrafung vor allem unbewußt und unbemerkt in der Gruppe vorhanden ist und zur Einengung von Denken und Verhalten führt. Denn nur, was wahrgenommen und bewußt ist, kann reflektiert, beurteilt und bearbeitet werden. Es ist daher Aufgabe des Leiters und der Gruppe, diese Reflexion von Normen immer wieder neu anzuregen.

4.3. Gruppendruck (Konformitätsdruck)

Am Beispiel der Normen und Sanktionen ist schon aufgezeigt worden, daß von einer Gruppe Druck auf ein Mitglied oder auch auf eine Teilgruppe ausgeübt werden kann. Dieser Druck heißt übersetzt: Wenn du dich nicht so verhältst oder denkst und redest, wie wir das für richtig halten, gehörst du nicht mehr zu uns. Diese Sätze werden nicht ausgesprochen; für das betroffene Mitglied werden sie aber gefühlsmäßig spürbar durch das Verhalten der anderen Gruppenmitglieder.

Seine Gefühle, Gedanken oder Verhaltensweisen aufzugeben, ist also u. U. ein Tribut, den das Mitglied an die Gruppe entrichtet, um dazugehören zu dürfen, um nicht allein gegen viele zu stehen. Von der Gruppe her gesehen dient dieser Druck vor allem dazu, nichts Störendes und Neues zuzulassen, mit dem man sich dann ja auseinandersetzen müßte. Das würde Unsicherheit und Neuorientierung verlangen.

Eine Gruppe übt Druck z. B. in folgenden Bereichen aus:
- Nachahmung von Verhalten: Wir verhalten uns so . . .
- Übernahme gleicher Emotionen bestimmten Menschen oder Dingen gegenüber: Wir fühlen so . . .
- Übernahme von gleichen Anschauungen, Werten, Grundprinzipien: Wir glauben, daß . . .
- Zuerkennung von Ansehen an die, die genauso fühlen, denken, glauben, sich verhalten.

Aber wer ist es eigentlich, der da konkret Druck ausübt – wer ist hier »die Gruppe«?

Das ist oft schwer auszumachen. Es sind zwar einzelne, die irgend etwas vertreten – aber erst das Zusammenspiel mit anderen ergibt die «Gruppe«, die Druck ausüben kann, weil sie z. B. durch Mehrheitsverhältnisse stark geworden ist; und erst die Art der Reaktion der übrigen macht aus, ob der Druck wirksam wird. Wer Macht hat, wer etwas verteilen kann, was andere haben wollen, hat vor allem die Möglichkeit, Druck auszuüben; aber das sind nicht immer nur »Mehrheiten«.

Beispiel:

In einer Schulklasse sind 13jährige Mädchen. Sechs dürfen viel ausgehen, haben viel Geld, viele Erlebnisse; die Leistungen in der Schule sind schwach und darauf sind sie stolz.

Wenn eine andere Schülerin gut arbeitet, wird sie ausgelacht. Weil jeder die Sechsergruppe fürchtet – aber auch bewundert –, entsteht die absurde Situation, daß deren Druck ausreicht, die gesamte Klasse zu schlechten Leistungen zu bringen. (Allerdings nur eine Zeitlang; schließlich bringen die anderen es fertig, sich zusammenzutun, sich eigene Werte und Ziele zu schaffen usw.)

Es sind komplizierte und vielschichtige Prozesse, die da ablaufen. Sie können letztlich nur dann angegangen und bearbeitet werden, wenn die Gruppenmitglieder zunehmend lernen, sich in ihrer Verschiedenartigkeit zu akzeptieren und Unterschiede im Denken und Fühlen als »normal« und gewinnbringend anzusehen. Dann kann ein Teil der Angst vor Fremdem, Neuem und Anderem abgebaut werden, und Druck/Anpassung ist nicht mehr in so starkem Maße nötig.

4.4. Rollen in der Gruppe

Am leichtesten ist der Begriff der Rolle zu verstehen, wenn er im Alltagsgebrauch betrachtet wird:
»Der spielt eine wichtige Rolle in der Firma.«
»Was für eine komische Rolle der spielt!«
»Ich wollte so gerne eine andere Rolle spielen.«
»Der spielt bei uns keine Rolle.«

Rolle ist ein Verhalten eines Menschen in einer bestimmten Situation und Umgebung – sie ist aber nicht sein ganzes Verhalten. Rolle ist ein Verhaltensausschnitt, steht im Zusammenhang mit der Situation, in der sie gespielt wird und hat eine Bedeutung/Funktion für das Gesamte: Einer ist *wichtig* für andere, *komisch, unbedeutend* usw.

Um den Begriff der Rolle zu verdeutlichen, werden zunächst in einem Überblick viele Verhaltensweisen/Rollen aufgezählt und nach ihrer Bedeutung/Funktion für die Gruppe gegliedert.

Rollen, die mehr auf die Aufgabenbewältigung einer Gruppe gerichtet sind:
Vorschläge machen, sammeln, fragen, zusammenfassen, informieren, strukturieren, koordinieren, antreiben usw.

Diese Rollen müssen übernommen werden, wenn in der Gruppe eine Aufgabe ansteht und erledigt werden soll. Wenn keiner bereit ist, diese Verhaltensweisen zu praktizieren, können Aufgaben nicht zum Abschluß kommen.

Rollen, die mehr auf den Bestand der Gruppe gerichtet sind: Ermutigen, Verständnis untereinander herstellen oder darum werben, zum Hinhören auffordern, Spannung aufgreifen und abbauen, schwierige Situationen überbrücken, einen Angegriffenen schützen, zuhören und auf jemanden eingehen, einen Gedanken von jemand anderem aufgreifen usw.

Diese Rollen müssen übernommen werden, wenn in der Gruppe Kommunikation untereinander entstehen soll und Beziehung aufgebaut wird. Wenn niemand da ist, der bereit ist, solche Verhaltensweisen zu praktizieren, ist ein Zusammenleben in der Gruppe nicht möglich.

Sogenannte »negative« Rollen:
Diese Rollen werden so genannt, weil sie Verhaltensweisen beschreiben, die den Arbeitsprozeß oder die Gruppenkommunikation stören und hemmen. Sie helfen der Gruppe somit wenig zu ihrer Weiterentwicklung. Beispiele sind:

Feindselig sein, andere angreifen, sticheln, rivalisieren, blockieren, sich konstant verweigern, ständig den Clown spielen, das Gespräch an sich reißen, andere abwerten usw.

Aus der Aufzählung der drei Rollenarten wird deutlich, daß jedes Verhalten in einer Situation als eine Rollenübernahme beschrieben werden kann: Ich tue in der Gruppe das oder jenes, und es hat folgende Bedeutung im Ganzen. Insofern ist Rolle zunächst einfach ein beschreibender Begriff ohne Bewertung. Die Bewertung kommt dann dazu, wenn es darum geht zu sehen, was die Art und Weise der Rollenübernahme oder des Rollenspiels für das einzelne Gruppenmitglied und die Gruppe bedeutet.

Ein Mensch kann in einer Gruppe je nach Situation und Notwendigkeit ganz unterschiedliche Rollen spielen: Einmal strukturiert er den Gesprächsverlauf, einmal hört er intensiv zu, einmal verweigert er seine Mitwirkung, weil ... usw.

Der Hintergrund des jeweiligen Verhaltens ist hier die Wahrnehmung und Beurteilung der Situation und die Entscheidung, welches Verhalten hier angemessen scheint.

Bei einer solchen Art der Rollenübernahme geschieht keine Fixierung und Festlegung. Jeder in der Gruppe kann grundsätzlich zu jeder Zeit das ihm angemessen Scheinende tun, und da es sich um relativ bewußt verlaufende Entscheidungen handelt, sind diese auch diskutierbar und können hinterfragt werden.

Aus den eigenen Erfahrungen in Gruppen ist sicher eher ein anderes Erscheinungsbild von Rollenübernahme bekannt, dessen Mechanismus der Entstehung und Fixierung aus den bisherigen Ausführungen von Prozessen in Gruppen verstehbar ist:

Menschen neigen dazu, sich in einer Gruppe auf bestimmte Rollen festzulegen und sie immer wieder oder oft ausschließlich zu spielen:

- Carola ist immer der Gruppenclown, alle amüsieren sich über ihre Späße. Durch sie gibt es immer etwas zu lachen. Wenn sie etwas Ernsthaftes sagen will, sagen die anderen: »Sei doch nicht so ernst!«
- Herr Kern ist immer derjenige, der vermittelt, wenn zwei eine Auseinandersetzung haben. Das ist ganz angenehm für die anderen. Die zwei Betroffenen und auch die anderen Gruppenmitglieder bemühen sich viel weniger um Friedlichkeit. Herr Kern macht das ja schon.
- Frau Frank schweigt meistens. Und weil sie schon so lange nichts mehr beigetragen hat, bringt sie es auch jetzt im Augenblick nicht über sich, zu dem gerade diskutierten Thema etwas zu sagen, obwohl sie das eigentlich gern würde. Sie hat sich schon so an das Schweigen gewöhnt, daß sie es nur schwer unterbrechen kann.
- Weil Michael einmal ein Fest organisiert hat, soll er das nun immer wieder machen. Jedes Mal wird ihm diese Aufgabe zugeschoben. Alle sagen: »Du kannst das doch so gut.«

An diesen Beispielen wird deutlich:

(1) Ich übernehme/spiele eine Rolle zum Teil darum, weil sie einer Eigenart oder einer Fähigkeit von mir entspricht. Eine Rolle »liegt« mir.

Beispiel:
Ich kann gut Spaß machen; ich traue mich nicht, in einer Gruppe zu sprechen, usw.

(2) Auch die anderen in der Gruppe haben einen Einfluß darauf, welche Rolle ich spiele. Ihre Erwartungen, die sie mir sagen oder die ich unbewußt spüre, wirken auf mich. Ihre Reaktionen erlebe ich als Belohnung, wenn sie mein Verhalten verstärken. Andere Reaktionen erlebe ich eher als Ablehnung und lasse die betreffenden Verhaltensweisen automatisch bleiben. Auch kann ein bestimmtes Rollenverhalten anderer mich dazu bringen, ein ergänzendes oder kontrastierendes Verhalten zu praktizieren:

Beispiel:
- »Du kannst so gut Feste gestalten!« (Verstärkung).
- »Sei doch nicht so ernst!« (Ablehnung).
- »Weil du schweigst, rede ich!« (Kontrast).

(3) Wann oder wo eine Rolle entsteht, kann nicht ausgemacht werden. Sie entsteht z. B. *weder* in Carola (s. o.) *noch* in den anderen Gruppenmitgliedern. Sie entsteht immer *nur in der Wechselwirkung* aller, also zwischen den Beteiligten. Die Frage, wer dafür bestimmender ist, ist wie die Frage nach Henne und Ei: Wer von beiden war zuerst?

Was bedeuten diese Überlegungen für einen Gruppenleiter? Rollen übernehmen gehört zum Leben von Gruppen. Menschen verhalten sich; Menschen ohne Rolle gibt es nicht. Das ist zunächst eine sachliche Feststellung. Der Vorgang der Rollenübernahme kann jedoch bewertet werden nach der Art und Weise, wie er erfolgt und nach der Wirkung, die er auf die Betroffenen und die gesamte Gruppe hat.

Dazu kann sich der Gruppenleiter fragen:

- Spielt jemand in der Gruppe nur *eine* Rolle und bleibt dadurch einseitig festgelegt?
- Wird jemandem eine bestimmte Rolle durch Sanktionen oder Gruppendruck zugeschoben?
- Hat einer eine Rolle, die ihm sogar schadet, indem sie z. B. sein Selbstwertgefühl verletzt?
- Welche Wirkung hat das Zusammenspiel aller Rollen in der Gruppe auf alle Mitglieder, auf die Beziehung untereinander und auf die Aufgabenerfüllung der Gruppe?

Es ist sicher ein sinnvolles Ziel, daß möglichst viele Gruppenteilnehmer fähig werden, flexibel je nach Situation unterschiedliche Rollen wechselnd zu übernehmen. Dann kann sich der einzelne entfalten und die ganze Gruppe wird bunter und vielseitiger.

Der Gruppenleiter kann auf dieses Ziel hinarbeiten, indem er wahrnimmt, was in der Gruppe geschieht (vgl. Fragen oben), in seinem eigenen Verhalten Rollenfixierung vermeidet, zum Wechsel von Verhalten oder Aufgabenübernahme immer wieder ermutigt und evtl. auch seine Wahrnehmung in die Gruppe hineingibt, um zur gemeinsamen Lösungssuche aufzufordern.

Wenn in einer Gruppe dauerhaft sogenannte »negative« Rollen gespielt werden, *kann* das ein Signal dafür sein, daß Beziehungsprobleme unter den Mitgliedern bestehen oder daß einzelne Teilnehmer nicht genügend berücksichtigt werden und dies durch störendes Verhalten signalisieren. (Ein Rollenverhalten kann aber auch von einem Teilnehmer aus früheren Lebenssituationen in eine Gruppe mitgebracht werden, was evtl. andere Arten der Aufarbeitung nötig macht.) Wenn der Gruppenleiter »negative« Rollen wahrnimmt und Beziehungsprobleme vermutet, kann er dies zum Anlaß nehmen, eine Reflexion und Neubestimmung von

Gruppennormen anzuregen. Weil Rollen immer auch zu tun haben mit dem Verhalten der anderen Gruppenteilnehmer (auch wenn sie vorrangig aus früheren Erlebnissen des betroffenen Mitglieds herrühren), ist es hilfreich, sie gemeinsam zu besprechen, die Zufriedenheit oder Unzufriedenheit auszutauschen, das Umlernen von Rollen bewußt anzugehen und Verteilungen immer wieder neu zu versuchen.

Derjenige besitzt eine »reife« Persönlichkeit, der eine Vielzahl von Rollen je nach Situation und in eigener Entscheidung angemessen übernehmen kann und der fähig ist, mit anderen zusammen Rollenverteilungen auszuhandeln, um zu größtmöglicher Zufriedenheit und Entfaltung *aller* Beteiligten zu gelangen.

4.5. Konflikte in Gruppen

Erfahrungen von Zusammenleben sind untrennbar verbunden mit Erfahrungen von Konflikten. Eine Gruppe ohne Konflikte gibt es nicht; es gibt höchstens Gruppen, die ihre Konflikte nicht wahrnehmen und nicht offen bearbeiten. Das ist auf dem Hintergrund der Ausführungen dieses ersten Teils auch verständlich: In einem Konflikt erlebe ich immer, daß ich in einem Widerspruch zum anderen stehe. Der Konflikt entsteht z. B. aus Unterschieden in Werten, Zielen, Interessen, Wünschen und Meinungen. Und »unterschieden sein« ist gefühlsmäßig zunächst »getrennt sein«. Im Konflikt, im Unterschied, in der Trennung liegt emotional Verunsicherung, die Möglichkeit der Ablehnung und des Ausschlusses von Zugehörigkeit. Dazu kommt, daß in einem Konflikt jede Seite (jeder Beteiligte) etwas für sie Erstrebenswertes will und durch die anderen gefährdet sieht. Es geht also immer auch um Gewinnen oder Verlieren in mehreren Ebenen: auf der Ebene von Anliegen und »Sachen« und auf der Ebene von Beziehungen. Beides ist spannungsreich und unter Umständen angstmachend.

Sicherlich spielen auch sehr früh erlebte Kindheitserfahrungen unbewußt eine Rolle. Dies wurde an früherer Stelle schon beschrieben: Nicht in Einklang leben mit denen, von denen ich abhänge, *war* existenzbedrohend, denn ich hätte ohne sie nicht leben können. Wie ein Mensch heute Konflikte erlebt oder mit ihnen umgeht, hängt deshalb sicher auch davon ab, welche Erfahrungen er in seinem Leben mit Konflikten und den jeweiligen Konfliktpartnern gemacht hat: Wurde er schon als Kind oder auch später in Konflikten ernst genommen; wurden z. B. die Meinungsverschiedenheiten offen und ohne gegenseitige Abwertung ausgetragen; hat er sich als Partner erfahren, dessen Interessen und Wünsche genauso wichtig waren wie z. B. die der Erwachsenen; hat er Konflikte nur mit Krach und anschließender Trennung (verstummen, ignorieren, »böse sein«) erlebt, oder verbunden mit Gesprächen, Zuhören, Aushandeln, Freundlichkeit usw.?

Diese Vorüberlegungen sind wichtig, um die eigenen Gefühle in Konfliktsituationen besser zu verstehen und auch die Gefühle anderer, die aus den beschriebenen Gründen ganz anders sein können als die eigenen. Es ist gut zu wissen, daß Konflikte zum einen unvermeidbar sind, weil Menschen alle unterschiedlich sind, zum anderen auch häufig mit gefühlsmäßigen Streßerlebnissen verbunden ablaufen. Das Wissen um diese Tatsache kann einem Gruppenleiter eventuell helfen, Konflikte ruhiger und geduldiger mit sich und anderen anzugehen und dadurch beizutragen, daß die Gruppe sie auf eine möglichst gute Weise lösen lernt.

Ursachen von Konflikten

- Etwas, was jeder gern haben möchte, ist nur knapp/zuwenig vorhanden (Zuwendung, Macht, Einfluß, Zeit, Raum, Material, Nahrung).

  Zum Beispiel:
  Jeder strebt nach Anerkennung und Sicherheit und schränkt dadurch unter Umständen einen anderen ein.

- Wert-, Interessen- und Meinungsunterschiede treffen zusammen.
- Verschiedene Bedürfnisse prallen aufeinander, es können nicht alle in gleichem Maße erfüllt werden.
- Es besteht eine Diskrepanz zwischen Wünschenswertem und Möglichem.
- Erwartungen werden nicht erfüllt (ausgesprochene oder unausgesprochene Erwartungen, bewußte oder unbewußte Erwartungen).
- Einzelinteressen stehen gegen Gruppeninteressen.
- Innere Ziele und äußere Ansprüche widersprechen sich.
- Auf die gegenwärtige Situation werden Erfahrungsmuster übertragen, die in einer anderen sozialen Situation »gelernt« wurden, usw.

Was hindert uns, mit Konflikten sinnvoll umzugehen?

- Weil Konflikte Angst machen, vermeiden wir gerne, sie wahrzunehmen. Es ist unter Umständen leichter, mit einem unausgesprochenen Konflikt »recht und schlecht« zu leben, indem wir uns einreden, es gäbe ihn gar nicht, als ihn offen anzusprechen und damit auch zuzugeben, daß Unterschiede/Getrenntheit da ist und mühsam eine Lösung ausgehandelt werden muß.
  Es gibt also Widerstände in uns, die uns zu einer Vermeidung »raten«.
- Viele von uns haben in ihrer Erziehung gelernt, Konflikt als etwas Negatives zu verstehen; etwas, was nicht sein dürfe: Wenn ein Konflikt besteht, ist dies negativ zu bewerten. Dieser Erziehungswert kann auch deshalb relativ leicht vermittelt und aufrechterhalten werden, weil die vorher beschriebenen psychischen Prozesse diese Auffassung unterstützen. Erziehung zu Gehorsam ohne Rückfrage oder Erziehung zu Konformität vermeiden Konflikte.
- Mit Konflikten leben greift ständig unser Bedürfnis nach Sicherheit an. Es ist schwierig, offene und unsichere Situationen auszuhalten, und jeder Konflikt ist mit solchen

verbunden. Konflikte beinhalten den Anspruch, sich auf andere einzulassen und sich selbst zu verändern. Veränderung macht angst.

Konflikte haben im Gruppengeschehen eine wichtige Bedeutung, wenn die Gruppe lernt, sinnvoll mit ihnen umzugehen. Der wichtigste und erste Beitrag dazu ist, Konflikte als notwendig zu einer Gruppe gehörend anzusehen. Konflikte sind keine »Pannen«, sondern normales Erscheinungswesen in Gruppen. Wenn diese »Norm« entsteht, wird die Lösung von Konflikten eher möglich sein.

Wenn Konflikte sinnvoll ausgetragen werden, führt das dazu, daß in der Gruppe Bewegung entsteht, Bewußtsein und Einstellungen sich weiterentwickeln und verändern, die Wirklichkeit breiter wahrgenommen wird und Toleranz zwischen den Personen wächst.

Im folgenden werden einige *typische Arten des Umgangs mit Konflikten* in Gruppen aufgeführt. Bei einigen dieser Umgangsformen werden die Konflikte nicht angegangen und gelöst, deshalb werden sie auch an anderen Stellen im Gruppengeschehen wieder auftauchen. Auch die Wirkung der verschiedenen Umgangsformen auf die Gruppenmitglieder und auf die Arbeit in der Gruppe ist sehr unterschiedlich. Beides sind Kriterien der Beurteilung für die jeweilige »Lösungs«form. Die Lösungsformen haben auch einen Zusammenhang mit dem Reifegrad der Gruppe.

Zum leichteren Verständnis wird der Beschreibung einer Umgangsart jeweils ein Beispiel vorangestellt.

(1) Eliminierung (Ausschluß)

Beispiel:

Die Frauengemeinschaft einer Pfarrei hat seit vielen Jahren die Aufgabe übernommen, sich um ältere Menschen in der Gemeinde zu kümmern. Es werden Feste gefeiert, Bildungsveranstaltungen angeboten, Fahrten veranstaltet, usw. Die Gruppe besteht aus 15 Frauen. Einige dieser Frauen sind erst seit kurzer Zeit im Kreis. Sie sprechen den Wunsch aus, neben der Arbeit für andere auch etwas für sich selbst zu tun. Sie möchten gerne über ihre Erfahrungen bei der Arbeit sprechen, auch eigene Fragen und Probleme einbringen. Das wird von den Frauen, die schon lange im Kreis sind, nicht akzeptiert. Es wird auf die Tradition der Arbeit verwiesen. Die immer wieder angesprochenen Wünsche werden schließlich überhört, es wird nicht mehr darauf eingegangen. Einige meinen, wer unbedingt etwas anderes wolle, könne ja gehen.

Eliminierung bedeutet nicht unbedingt, daß die betreffenden Mitglieder die Gruppe direkt verlassen müssen. Es kann auch bedeuten, daß ein Teil der Gruppe von der Programmbestimmung ausgeschlossen wird. Es geht generell darum, daß ein oder mehrere Mitglieder veranlaßt werden, »keine Rolle mehr zu spielen« oder die Gruppe zu verlassen. Das kann mit Hilfe der verschiedensten Mittel geschehen: sie werden kaltgestellt, ignoriert, diffamiert, verspottet, es wird auf Tradition verwiesen, Aufgabenbestimmungen werden nicht mehr reflektiert, usw.

Es gibt auch die Möglichkeit, daß sich Mitglieder selbst aus einer Gruppe ausschließen oder eliminieren. Sie sind nicht bereit, sich auf eine Gruppenaufgabe einzulassen, ihre eigenen Interessen mit denen anderer abzustimmen, sie stellen Wünsche oder Bedürfnisse als Forderungen dar, über die nicht verhandelt werden kann.

Beide Arten der Einstellung und des Umgangs mit einem Konflikt verhindern eine wirkliche Konfliktlösung. Beide Arten enden letztlich mit der Trennung, die entweder nur innerlich vollzogen oder auch äußerlich ausgeführt wird.

(2) Vermeidung

Beispiel:
In einem Familienkreis bestehen untergründige Spannungen, die z. B. bei Erziehungsthemen immer wieder einmal aufflackern. Wenn jemand die Spannung ausspricht, wird sie sofort geleugnet. »Wir verstehen uns doch alle so gut.« Im Lauf der Zeit werden die betreffenden Themen vermieden.

Konflikte werden als Pannen im Zusammenleben betrachtet. Deshalb müssen sie vermieden werden. Die Gruppe versucht, möglichst an der Oberfläche zu bleiben, um die Unterschiede untereinander nicht feststellen zu müssen. Gegenmeinungen werden hier nicht möglich, weil auf sie sofort mit Ablenkung reagiert wird. Die Spannung, die in der Gruppe ja trotzdem vorhanden ist, wird in die einzelnen Teilnehmer hineinverlagert. Möglicherweise werden die gespürten Konflikte nach dem Treffen in Untergruppen verhandelt. Bei dieser Art des Umgangs mit Konflikten kann sich der einzelne nur sehr eingeschränkt einbringen, klare und echte Beziehungen sind unmöglich. Der Konflikt lauert unter der Oberfläche. Die Gruppe ist unbewußt angestrengt bemüht, die echten Anliegen der Teilnehmer wegzudrängen. Man findet sich auf dem kleinsten gemeinsamen Nenner.

(3) Abstimmung, Mehrheitsbeschlüsse

Beispiel:
Bei einer Fortbildungsveranstaltung beantragt ein Teilnehmer, daß während der Arbeitszeiten nicht geraucht werden solle. Er könne sich schlecht konzentrieren, wenn geraucht wird. Es wird abgestimmt: von den 20 Personen stimmen 12 dafür, daß weiterhin geraucht werden kann.

Die Lösung von Konflikten durch Abstimmung/Mehrheitsbeschluß ist häufig eine Unterdrückung. Es geht bei der Problemlösung lediglich darum, die Mehrheiten auf die eigene Seite zu bringen, um die eigenen Interessen durchzusetzen. Bei Abstimmungen entstehen immer Minderheiten. Das Ergebnis sieht so aus: Wer die Mehrheit hat, gewinnt alles; wer in der Minderheit ist, verliert alles. Das ist eine Art des Umgangs mit Konflikten, die in sich schon den neuen Konflikt beinhaltet. Die unterlegene Minderheit muß mit ihrer Machtlosigkeit und mit den damit verbundenen Gefühlen fertig werden. Diese Gefühle werden leicht auf die nächsten Situationen übertragen, in denen es um Meinungsverschiedenheiten oder Interessengegensätze geht. Wer verloren hat, möchte das nächste Mal gewinnen, usw.

(4) Abstimmung mit Zustimmung

Beispiel:
Im Kindergartenteam geht es um die Gestaltung des Sommerfestes. Einige Erzieherinnen möchten die Eltern stark einbeziehen, andere möchten das Fest lieber mit den Kindern allein gestalten. Zu beiden Positionen werden Argumente gesammelt, für beide gibt es triftige Gründe. Schließlich beantragt jemand eine Abstimmung. Bevor abgestimmt wird, fragt die Leiterin nach, ob unabhängig vom Ausgang der Abstimmung jeder an der dann gefundenen Lösung mitarbeiten und sich engagieren könne. Alle stimmen zu. Nun erst wird abgestimmt.

Bei dieser Art der Konfliktlösung gewinnt zwar auch die Mehrheit, aber die Minderheit leidet nicht unter einem Gefühl des Verlorenhabens und der Unterlegenheit. Sie hat im voraus beim Ringen um eine Lösung mitgearbeitet und ihre Zustimmung zum jeweiligen Ausgang gegeben. Beide Parteien akzeptieren, daß die gemeinsame Aufgabe das Anliegen von allen ist. Obwohl diese Konfliktlösung anscheinend kaum anders aussieht als die vorher beschriebene, besteht doch emotional ein großer Unterschied. Wenn bei der Nachfrage ein Teil der Gruppe mit der möglichen Unterlegenheit noch nicht einverstanden sein könnte, muß weiter um die verschiedenen Positionen gerungen werden. Vielleicht müssen dann Positionen auch verändert werden, bis eine Abstimmung unter den beschriebenen Bedingungen für alle möglich wird. Diese Lösung ist auch eine Konfliktlösung durch Mehrheitsbeschluß, sie hinterläßt aber nicht Sieger und Verlierer wie bei der vorher beschriebenen Form. (Z. B. kann auch die Einsicht, daß bei einer bestimmten Gruppengröße die Abstimmung eine nötige Lösungsform ist, Grund für »Zustimmung« sein.)

(5) Kompromiß

Beispiel:
In der Kindergruppe wollen dieses Mal viele Fußball spielen. Manche Kinder möchten aber basteln. Beides gleichzeitig geht nicht. Erst wird lange gestritten. Der Gruppenleiter möchte nicht abstimmen lassen, weil das

Ergebnis von vornherein festläge. Da schlägt ein Kind vor: »Machen wir doch heute Fußball, weil es so schönes Wetter ist und das auch viel mehr Kinder wollen. Aber das nächste Mal basteln wir.« Damit sind alle Kinder einverstanden.

Eine Lösung durch Kompromiß bedeutet, daß jede Partei der anderen Zugeständnisse macht. Jede Partei hält an ihrem Interesse fest oder variiert es nur geringfügig, gesteht aber auch der anderen Partei die Realisierung ihrer Interessen zu. Beide Parteien tragen etwas dazu bei, daß auch die anderen ihren Wunsch umsetzen können.

Kompromisse können gute Formen von Konfliktlösung sein, wenn sie vom Verständnis getragen sind, daß jeder Teilnehmer möglichst stark seine Interessen und Bedürfnisse realisieren kann und von den anderen darin unterstützt wird. Es gibt allerdings auch »faule Kompromisse«, z. B.: Schwerwiegende Meinungsverschiedenheiten, deren Klärung für die Gruppe sehr wichtig wäre, werden nicht ausgehandelt; es wird eine schnelle Lösung gesucht, der Konflikt wird verschoben; die Lösung hinterläßt keine Befriedigung bei den Beteiligten.

(6) Allianz

Beispiel:
Ein Aktionskreis »Entwicklung und Frieden« hat eine Straßenaktion geplant. Die Passanten sollen auf ein aktuelles Problem in einem bestimmten Land hingewiesen werden. Während der Vorbereitung zur Aktion geht es auch um die Wahl der Methoden, die beim Straßenstand angewandt werden. Dabei bricht plötzlich ein grundsätzlicher Konflikt über die Frage von Gewalt und Gewaltlosigkeit aus. Manche Teilnehmer möchten den Passanten Informationsmaterial und Gespräche anbieten, andere möchten immer wieder für kurze Zeit kleine Sperrketten aus Menschen machen, um die Passanten zum Stehenbleiben zu zwingen. Alle merken im Lauf der Diskussion, daß hier die gesamte Arbeit im Arbeitskreis berührt wird. Es kommen sehr grundsätzliche Gespräche über Friedensarbeit auf. Weil der Aktionstag näherrückt, wird schließlich ein Bündnis geschlossen: die Teilnehmer einigen sich auf einen Mittelweg. Gleichzeitig ist allen klar, daß der wirkliche Konflikt nur »auf Eis gelegt« ist und nach der Aktion angegangen werden muß.

Die Parteien schließen hier aus Einsicht ein Bündnis, weil sie ein gemeinsames Ziel haben, an dem alle gern festhalten möchten. Der Konflikt bleibt bewußt; die einzelnen haben ihre Standpunkte noch nicht verändert. Der Konflikt wird zurückgestellt, um das gemeinsame Ziel erreichen zu können. Der Konflikt wird an einer späteren Stelle erneut auftauchen und dann anders bearbeitet werden müssen.

(7) Integration

Beispiel:

Es geht um die Vorbereitung einer Kinderfreizeit. Die Gruppenleiter sind sich nicht einig über die Ziele der Freizeit. Manche möchten die Kinder möglichst viel selbst gestalten lassen und deshalb am liebsten gar nichts vorgeben. Andere möchten den Kindern gerne Kontrasterfahrungen zu ihrem Alltag anbieten und sie deshalb mit ganz bestimmten Erlebnissen konfrontieren (z. B. Erfahrungen mit der Natur, Schärfung von Sinnen, für die täglichen Bedürfnisse selbst sorgen, usw.). Die Meinungen werden angehört, diskutiert, neben- und gegeneinandergestellt, abgewogen, neu formuliert, und es wird schließlich eine Lösung erarbeitet, in der alle etwas von ihrem Anliegen vorfinden, aber in einer weiterentwickelten Form. Alle Gruppenleiter haben den Eindruck, daß sie ganz hinter diesen neuen Überlegungen stehen können.

Die Integration ist die reifste Form der Konfliktlösung. Es wird offen mit den Unterschieden in der Gruppe umgegangen; diese werden sogar als fördernd für die gemeinsame Arbeit und das Zusammenleben angesehen, und es besteht die Bereitschaft, voneinander zu lernen. Alle sind mit ihren Ideen und Anregungen an der Lösung des Konfliktes beteiligt, deshalb können auch alle befriedigt sein. Diese Form der Konfliktlösung erfordert vom einzelnen, daß er sich einbringen, aber auch zurücknehmen kann. Konfliktlösung durch Integration bedeutet: Ich nehme mich selbst wichtig, ich nehme die anderen wichtig, und ich nehme die Sache wichtig. Zwischen diesen drei Bereichen wäge ich dauernd ab und entscheide mich (vgl. Teil II).

Welche Art des Umgangs mit Konflikten eine Gruppe praktiziert, hängt von der Reife der einzelnen Teilnehmer und von der Gruppenentwicklung insgesamt ab. Es ist verständlich, daß in der Fremdheits- oder Orientierungsphase Konflikte in der Gruppe eher durch Vermeidung oder Eliminierung gelöst werden, in der Vertrautheitsphase vielleicht am ehesten durch Abstimmung. Das heißt aber nicht, daß dies für die Gruppe auch jeweils gut wäre. Ein Gruppenleiter kann gerade in diesen Phasen darauf achten, daß die Gruppe auch bedenkt, welche Wirkung die jeweilige Lösungsart auf die beteiligten Mitglieder haben könnte.

Ein weiterer Gesichtspunkt bei der Wahl der Konfliktlösungsart ist das Interesse der einzelnen an der Gruppe. Wenn den Teilnehmern die Gruppe nicht mehr wichtig ist, werden sie auch wenig Energie entwickeln, sich um eine so anstrengende Lösungsart, wie es z. B. die Integration ist, zu bemühen. Wenn ein Gruppenleiter dies wahrnimmt, ist es vielleicht sinnvoll, den Konflikt vorübergehend zu vernachlässigen und das grundsätzliche Interesse an der Gruppe zu besprechen. Je mehr ein Konflikt mit emotionalen Anteilen der Gruppenmitglieder beladen ist und ihre Werte oder Verhaltensmaßstäbe betrifft, desto schwieriger wird er zu lösen sein. Er greift dann sehr in das Innere jedes einzelnen ein und fordert Umdenken und Veränderung.

Welche Konfliktlösungsart möglich oder sinnvoll ist, hängt auch davon ab, wieviel Zeit zur Verfügung steht, wie die Rahmenbedingungen sind, wie wichtig das Anliegen den Beteiligten ist, wer den Beschluß ausführen muß, usw.

Beispiele:

* In einer Schulklasse entsteht eine Meinungsverschiedenheit über das Vorgehen in einer bestimmten Sache. Insgesamt sind nur 45 Minuten zur Verfügung. Der Lehrer läßt über die Methodenwahl abstimmen, weil sonst die Arbeitszeit für die Sache nicht mehr ausreicht. Es ist aber sinnvoll, daß der Lehrer in einer solchen Situation wenigstens den Grund für die Wahl der Lösungsart anspricht und auch die eventuell damit verbundenen Nachteile nennt. Dann wird der Zusammenhang seiner Entscheidung deutlich; dadurch entsteht vielleicht sogar eine »Abstimmung durch Zustimmung«.

* In einem Gemeinderat geht es um Anliegen unterschiedlichster Art. Manche werden ganz schnell durch Abstimmung gelöst, und alle sind mit dieser Lösungsart einverstanden, weil es z. B. um Fragen geht, die mehrere Lösungen möglich machen, oder weil vor allem diejenigen mit der Lösung einverstanden sein müssen, die die betreffenden Aufgaben übernehmen.

Bei anderen Fragen, die die Meinungen und Werte aller Beteiligten mehr berühren, wie z. B. »Zielsetzung des nächsten Arbeitsjahres«, reicht die Lösungsart »Abstimmung« nicht aus.

Die Arbeit an Konflikten ist eine ständige Aufgabe für eine Gruppe und ihren Leiter. Wenn positive Formen der Konfliktlösung versucht und gelernt werden, wie die Abstimmung mit Zustimmung, der Kompromiß, die Allianz oder die Integration, ist das für die Entwicklung der Gruppe und die des einzelnen eine wichtige Erfahrung.

Für einen Leiter sind in Konflikten folgende Einstellungen und Verhaltensweisen wichtig bzw. hilfreich, um die Konfliktsituation anzugehen und die Gruppe bei der Lösungssuche unterstützen zu können:

- Es darf in der Gruppe Konflikte geben. Sie gehören zum Zusammenleben.
- Ein Leiter kann der Gruppe einen Konflikt nicht abnehmen. Er kann die Gruppe bei der Lösungssuche unterstützen, aber jeder einzelne Teilnehmer ist genauso wichtig und angefragt wie der Leiter. Ein Leiter ist nicht verantwortlich dafür, daß der Konflikt gelöst wird. Er ist *mit*verantwortlich.
- Die Aufgabe des Leiters liegt vor allem in der Hilfestellung zum Angehen des Konfliktes. Das kann bedeuten, daß er auf Verhaltensweisen aufmerksam macht, ein Vorgehen vorschlägt, einzelnen Unterstützung gibt, damit sie sich artikulieren können, Rückmeldung gibt über seine Wahrnehmung der augenblicklichen Situation oder der Zusammenhänge, usw.
- Das bedeutet, daß der Leiter versuchen müßte, innerlich einen Schritt »zurückzutreten«, eine gewisse Distanz

einzunehmen, um nicht total in den Konflikt und die damit verbundenen Gefühle verwickelt zu werden. (Das bedeutet natürlich nicht, er solle so tun, als ob er nicht betroffen sei!) Dann kann er die verschiedenen Konfliktpartner dabei unterstützen, ihre Sicht darzustellen und der Darstellung der anderen zuzuhören, Dieses wird erschwert oder geht nicht, wenn der Konflikt stark um die Person des Leiters geht. Vielleicht kann dann ein Gruppenmitglied die Funktion des »Unterstützers« übernehmen.

- Letztlich muß dem Gruppenleiter und der Gruppe bewußt sein, daß es im Wesen des Konflikts liegt, daß seine Lösung Zugeständnisse von den Beteiligten verlangt, mit Verzichten verbunden ist und ohne Einsatz und Willen nicht zu schaffen ist. Es muß etwas aufgegeben werden, um etwas Neues zu gewinnen. Das ist in jedem Fall mit Anstrengung oder Schmerz verbunden. Im Blick auf diesen Gesichtspunkt ist es auch verständlich, warum Konfliktlösungsarten menschlicher und sinnvoller sind, die von allen Beteiligten einen ähnlich großen Beitrag zu diesem Verzicht abverlangen und auch allen Anteil am Gewinn geben.
- Ein letzter wichtiger Punkt ist die Einsicht, daß nicht jeder Konflikt lösbar ist!

Fragen, die einer Gruppe helfen können, einen Konflikt besser zu verstehen:

- Welche Bedürfnisse stehen für mich auf dem Spiel, welche stehen für den anderen auf dem Spiel? Wie bin ich bisher gewohnt, diese Bedürfnisse zu erfüllen, gibt es eventuell auch neue Wege?
- Gibt es neben dem, worum es mir offensichtlich geht, auch noch weitere Anliegen? Welche weiteren Anliegen vermute ich bei den anderen?
- Kommt der Konflikt eventuell auch dadurch zustande, daß ich (oder die anderen Gruppenmitglieder) auf die gegenwärtige Situation Erfahrungsmuster übertrage, die ich in einer anderen sozialen Situation gelernt habe? Welche Gewohnheiten, Werte, Ziele usw. stehen für mich auf dem Spiel?
- Was möchte ich erreichen? Was müßte ich aufgeben, wenn ich mich auf die Lösung des anderen einlasse? Wieviel könnte ich eventuell von meinem Interesse aufgeben, ohne zuviel aufzugeben?

- Ist der Konflikt in unserer Tradition oder in unserer Organisation begründet? Müßten wir unsere Gruppe neu organisieren? Welche äußeren Faktoren spielen hinein? usw.

(Mögliche Schritte einer Konfliktlösung durch Integration werden im Teil V, S. 214, ausgeführt.)

5. *Gesetzmäßigkeiten der Kommunikation*

In diesem Abschnitt möchte ich auf einige Eigenschaften/Abläufe hinweisen, die allgemein für die Kommunikation zwischen Menschen gelten und deshalb auch zum besseren Verständnis der Kommunikation in Gruppen hinzugezogen werden können.

Für mich selbst ist das Wissen um diese Abläufe eine wichtige Erkenntnisquelle geworden, die mir oft hilft, offener und befriedigender mit anderen in Beziehung zu treten oder Spannungen besser zu verstehen und zu bearbeiten.

- Es geht hier um die Frage: Gibt es in der wechselseitigen Kommunikation zwischen Menschen, die aus Sprache, Gesten, Blicken, Bewegungen besteht (also nicht nur aus Worten – auch nonverbal kann ich etwas mitteilen oder etwas verstehen), Gesetzmäßigkeiten, in die auch ich einbezogen werde, ohne es zu wissen, und durch deren Wissen ich mit anderen sinnvoller in Beziehung treten könnte.

Ich möchte drei Eigenschaften/Erscheinungsbilder in der Kommunikation hier aufzeigen, die wegen der Häufigkeit ihres Auftretens und wegen ihrer Automatik im Ablauf als »Gesetzmäßigkeiten« bezeichnet werden können. Ich habe solche Erscheinungsbilder ausgewählt, die mir für das

Verständnis der Kommunikation in Gruppen besonders wichtig erscheinen (vgl. *Paul Watzlawik* u. a., Menschliche Kommunikation, 4).

Zunächst wird jeweils ein Beispiel beschrieben, daran das »Gesetz« entwickelt, aufgezeigt und schließlich benannt. Den Abschluß jedes Abschnittes bilden Überlegungen, wie mit diesem Erscheinungsbild umgegangen werden kann.

Erstes Erscheinungsbild

Beispiel:
Im Entwicklungshilfe-Ausschuß wird gerade heftig über verschiedene Projekte diskutiert. Die Mitglieder sind unterschiedlicher Meinung, welches Projekt unterstützt werden soll. Herr Mayer, der an einem der Projekte sehr interessiert ist, steht plötzlich auf und verläßt den Raum. Frau Keller sagt verblüfft: »Jetzt ist er sicher wütend, daß er nicht durchkommt.« Ein anderer meint: »Er will uns nur unter Druck setzen«; usw.

Als Herr Mayer nachher wieder hereinkommt und von den Vermutungen hört, ist er sehr erstaunt. Er wollte ja nur telefonieren gehen.

Herr Mayer meint, er habe doch gar nichts getan oder gesagt. Trotzdem teilt er etwas mit – bzw. die anderen empfinden sein Verhalten als Mitteilung. Allerdings verstehen sie diese Mitteilung sehr unterschiedlich. Auch wenn ich also nichts tue oder sage, empfangen andere etwas als Botschaft/als Mitteilung und bewerten oder deuten sie. Allerdings deuten sie oft anders, als ich es meine.

Beispiel:
Bei einem Gespräch sagt Inge nichts. Sie möchte, daß sich die anderen dadurch mehr beteiligen können. Ihr Verhalten kommt ganz unterschiedlich an: »Sie ist nicht interessiert«, »sie ist müde«, »sie weiß nichts«, »sie fühlt sich besser«, »sie hält uns für dumm«, usw.

Jeder nimmt das Verhalten von Inge wahr und versteht es als Mitteilung an sich. Der Sender des Verhaltens wundert sich oft, wenn er etwas von den Deutungen der Mitteilung erfährt, weil er »doch alles ganz anders gemeint hat«.

Nichts tun oder nichts sagen enthält eine Mitteilung; sie

kann falsch verstanden werden, sie kann aber auch einen inneren Zustand/Gedanken sichtbar machen.

Beispiel:
Bei einem Elternabend geht es um die Erziehung von Kindern. Frau Kohler ist verärgert über die Aussagen des Referenten, der vieles, was sie selbst denkt, in Frage stellt. Sie sagt aber nichts, weil sie keinen Streit will. Nach einiger Zeit spricht der Referent sie an und sagt: »Sie denken wohl ganz anders darüber, oder?« Frau Kohler ist erstaunt, sie hat doch gar nichts gesagt.

- Das Erscheinungsbild/Gesetz heißt:
  Ich kann mich nicht »nicht verhalten«.
  Oder:
  Ich kann nicht »nicht kommunizieren«.

Das heißt: Mein Verhalten hat immer eine Wirkung, auch wenn ich gezielt versuche, gar nichts zu tun oder zu sagen. Dann wirkt eben das Nichtstun. Die anderen nehmen mein Verhalten wahr, deuten es je nach ihren bisherigen Erfahrungen mit mir und anderen, ziehen Schlußfolgerungen und legen diese ihrerseits ihrem eigenen Verhalten mir gegenüber zugrunde. Dabei handelt es sich um ganz schnelle Prozesse, deren Stufen und Ergebnisse dem einzelnen oft gar nicht bewußt werden. Unbewußt fließen sie aber hinein in die weitere Kommunikation zwischen den Beteiligten.

Aber auch wenn Wahrnehmung und Deutung bewußt erfolgen, wird zwischen den Kommunikations-Partnern oft nicht geklärt, ob Sender und Empfänger die Mitteilung im gleichen Sinn verstanden haben.

Wie kann jemand (ein Gruppenleiter) mit dieser Gesetzmäßigkeit so umgehen, daß Mißverständnisse möglichst vermieden werden?

Er kann sich selbst bewußt werden, was er »senden« will, und das möglichst deutlich und offen tun. Er kann aufmerksamer darauf achten, was er sendet, ohne es zu wollen, d. h. darauf, welche seiner Mitteilungen/Verhaltensweisen undeutlich oder leicht mißverständlich sind.

Ein zweiter Ansatzpunkt betrifft die Mitteilungen anderer. Der Leiter kann sich bewußt werden, welche »Botschaft« (auch nonverbal) er vom anderen auffängt, wie er sie für sich interpretiert, und er kann sich eventuell durch Nachfragen vergewissern, ob der Partner das auch so gemeint hat. Dieser Hinweis betrifft zunächst ja vor allem die eigene Kommunikation. Ein Gruppenleiter hat aber auch die Möglichkeit, die Kommunikation zwischen den Mitgliedern wahrzunehmen und eventuell einzugreifen, indem er nachfragt, aufmerksam macht, um Verdeutlichung bittet, usw.

Das ist ein mühsamer Weg – aber er ermöglicht eine Kommunikation, die offener und befriedigender ist. Die Ansammlung von Mißverständnissen wird vermieden.

Zweites Erscheinungsbild

Beispiel:
Herr Martin sagt zum Gruppenleiter: »Heute abend gehe ich um 10 Uhr nach Hause.«

Auf den ersten Blick ist diese Aussage nur eine sachliche Mitteilung; sie hat den Inhalt: Herr Martin will um 10 Uhr nach Hause gehen.

Gleichzeitig wird der Gruppenleiter eine Mitteilung über sich hören bzw. darüber, was Herr Martin ihm mit diesem Satz vermutlich sagen will. Zum Beispiel: »Du machst immer so lange«, oder »Ich bin ärgerlich, daß es immer so lange geht«, oder »Du bist ein Langweiler«, oder auch (wenn er Herrn Martin und seine Situation gut kennt) »Meiner Frau geht es nicht gut« oder »Ich habe Krach zu Hause«, oder »Ich möchte dich über meine Pläne informieren«, usw. Je nachdem, wie der Leiter die untergründige Mitteilung auffaßt, wird er antworten. Zum Beispiel: »Wir haben schließlich wichtige Dinge zu besprechen«, oder »Du kannst die Sitzung ja selbst leiten, wenn es dir nicht paßt«, oder »Geht es deiner Frau nicht gut?« usw.

- Diesen Vorgang in einer Regel ausgedrückt heißt:
  Jede Kommunikation enthält einen Inhalts- und einen Beziehungsaspekt. Der Beziehungsaspekt bestimmt, wie der Sender den Inhalt vom Empfänger verstanden haben will bzw. wie der Empfänger ihn versteht.

Dieses Gesetz soll am Beispiel oben erklärt werden: Der Inhaltsaspekt des Satzes ist eine Information. Sie heißt: Herr Martin möchte um 10.00 Uhr nach Hause. Der Beziehungsaspekt weist an, wie die Information aufzufassen ist. Er ist der Hintergrund, der nicht mitbenannt wird, ja oft den Beteiligten gar nicht bewußt ist. Er speist sich aus den bisherigen Erfahrungen miteinander, aus der Sympathie oder Antipathie, aus der augenblicklichen Stimmung der Beteiligten und aus der Situation, die gerade ist. (Z. B.: Es ist vielleicht ein Unterschied, ob der Satz im Zweiergespräch gesagt wird oder in Anwesenheit von anderen Personen.)

So wie Herr Martin seine Beziehung zum Leiter sieht, wird er diese als »zweite Spur« in seiner Mitteilung mitlaufen haben. Das kann sich z. B. ausdrücken in seinem Tonfall oder seiner Mimik. Und je nach dem, wie der Leiter seinerseits die Beziehung zu Herrn Martin im Augenblick sieht, wird er eine »zweite Spur« wahrnehmen und verstehen. Die Auffassung seiner Beziehung zu Herrn Martin sagt dem Leiter, ob er die Botschaft als Angriff oder als freundschaftliches Angebot usw. empfinden soll. Der Beziehungsaspekt bestimmt also, wie ich den Inhalt auffasse.

Nun ist es natürlich keineswegs gesichert, daß beide Beteiligten in einer Kommunikation den Beziehungsaspekt jeweils gleich definieren. Am Beispiel von oben: Herr Martin möchte vielleicht wirklich etwas über seine häuslichen Probleme mitteilen, der Gruppenleiter meint aber, er sage etwas über seine Führungsqualitäten.

An einem weiteren *Beispiel* soll der Vorgang noch einmal verdeutlicht werden.

In einem Arbeitskreis entbrennt zwischen Karin und Dagmar ein Streit um die Vorverlegung des nächsten Treffens. Karin will eine Stunde früher beginnen. Dagmar wehrt sich. Beide führen sachliche Argumente an. Es kommt zu keinem Verständnis – weil es auch gar nicht um den Zeitpunkt (um die Sache) geht. Es geht Dagmar darum, daß sie Karin immer als fordernd in der Gruppe erlebt und das Gefühl hat, selbst zu viel zurückzustecken.

- Inhaltsebene bei Karin: »Ich will früher beginnen.«
- Beziehungsaussage (z. B.!): »Ich möchte, daß ich euch so viel wert bin, daß ihr euch nach mir richtet.«
- Inhaltsebene bei Dagmar: »Ich kann nicht früher beginnen.«
- Beziehungsebene bei Dagmar: »Ich ärgere mich darüber, daß Karin sich so wichtig nimmt. Ich komme immer zu kurz.«

Es ist leicht verständlich, welche Störungen oder Mißverständnisse in der Kommunikation untereinander auftreten, wenn Inhalts- und Beziehungsaspekt ständig vermischt werden, oder wenn vor allem über die Inhaltsteile einer Aussage gesprochen wird und die Beziehungsteile nur unbewußt mitgesendet oder mitempfangen werden.

Für einen Leiter ist es sehr wichtig, sich beide Anteile der Kommunikation immer mehr bewußtzumachen und zu versuchen, sie beide zu verstehen und auch getrennt voneinander zu verdeutlichen.

Am Beispiel eben könnte Dagmar sagen: »Du willst nächstes Mal früher anfangen, das ist für mich schwierig, weil ich dann eine andere Sache verschieben muß. Außerdem ärgert es mich, weil du so oft Forderungen stellst und ich mich oft nach dir richten muß. Ich selbst strenge mich viel mehr an, die anderen nicht zu sehr zu belasten. Aber ich komme mir dann dumm vor, wenn du von dir aus gar nichts tust.«

Es ist sicher nicht in allen Begegnungen in gleichem Maße wichtig, diese beiden Ebenen »Inhalts- und Beziehungsaspekt« zu erkennen und auseinanderzuhalten. Wenn die Beziehung zwischen zwei Menschen offen und geklärt ist, rückt die Definition der Beziehung in den Hintergrund, weil sie nicht nötig ist. Aber in nicht offenen, ungeklärten oder gestörten Beziehungen ist das Ringen um die Beziehung ein ständiger Bestandteil der Kommunikation, ohne daß das dem einzelnen bewußt ist. Die Kommunikation läuft anscheinend rein sachlich ab (Inhaltsebene), gemeint ist letztlich die Frage der gegenseitigen Definition der Beziehung: Wie stehst du zu mir, wie stehe ich zu dir? Wie siehst du mich, wie sehe ich dich?

Deshalb ist das Erkennen von Inhalts- und Beziehungsaspekt vor allem in Konfliktsituationen wichtig, wo sachliche Unterschiedlichkeiten oft auch einen starken emotionalen Anteil bei allen Beteiligten haben. Je mehr ich übe, in möglichst vielen Kommunikationen beide Anteile wahrzunehmen und eventuell auch auszusprechen, desto direkter und offener werden meine Mitteilungen und desto weniger sind sie mißverständlich. Auch gestörte Beziehungen können so direkter angegangen werden und müssen nicht hinter inhaltlichen Auseinandersetzungen versteckt werden, wo sie nicht lösbar sind.

Noch ein *Beispiel* zur Verdeutlichung:
Der Ehemann sagt am Sonntag mittag zu seiner Frau: »Sollten wir jetzt nicht Kaffee trinken?« Sie antwortet: »Ich trinke heute keinen Kaffee.«

- Inhaltsaspekt beim Ehemann: »Ich möchte jetzt gerne Kaffee.«
- Möglicher Beziehungsaspekt beim Ehemann: »Ich erwarte von dir, daß du jetzt für mich Kaffee machst.«
- Inhaltsaspekt bei der Ehefrau: »Ich selber trinke jetzt keinen Kaffee.« Auch: »Ich mache dir keinen Kaffee.«
- Möglicher Beziehungsaspekt bei der Ehefrau: »Ich mache dir keinen Kaffee, weil es mich ärgert, wie du über mich verfügst und selbst nicht auf die Idee kommst, etwas für mich zu tun.«

Bisher wurden hier vor allem konflikthafte Beispiele aufgezeigt. Die Gesetzmäßigkeit des Inhalts- und Beziehungsaspektes gilt aber natürlich für alle Kommunikationen.

Beispiel:
»Ich habe Lust spazierenzugehen.«
»Du hast ein nettes Kleid an«, usw.

Je nach Art der Beziehung sage ich diesen Satz anders oder höre ich etwas anderes und schließe daraus, was mein Partner »wohl meint«. Da dies alles sehr schnell und unbewußt verläuft, sind die Fehlerquellen enorm hoch und die Mißverständnisse verschleppen sich oft in langen Verhaltensketten: »Weil ich denke, daß du meinst . . . verhalte ich mich . . . und denke über dich . . .« Eine Fortschreibung findet dieser Satz in dem, was der andere denkt, was ich meine . . ., usw.

Es ist für einen Leiter also wichtig, daß er sich nicht ausschließlich faszinieren läßt von der Bedeutung eines Inhalts, um den es in der Gruppe gerade geht, und dabei den Blick und das Interesse verliert für das, was mitschwingt zwischen den Menschen. Wenn ich nur auf den Inhalt achte, bin ich befangen und nehme nur Bruchteile des Geschehens wahr. Genauso ist es, wenn ich nur die Beziehungsebene sehe. *Beides* ist immer dabei und wird unbewußt auch von mir und den Kommunikationspartnern aufgefangen. Das heißt, ich sollte eine »schwebende Aufmerksamkeit« entwickeln für alles, was geschieht. Dann kann ich über mich selbst wahr und echt sprechen und eventuell auch anderen hilfreich werden, indem ich akzeptierend nachfrage – nicht mit der Haltung des «Aufdeckens«, sondern in Achtung und Ehrfurcht, um unsere Begegnung offener und befriedigender zu gestalten.

Drittes Erscheinungsbild

Beispiel:
Das Erzieherteam eines Kindergartens besteht aus der Leiterin und vier Erzieherinnen. Jeden Mittwoch ist Teambesprechung. Eine Erzieherin, Ottilie, sagt darüber zu ihrer Freundin: »Bei uns im Team kommt man nicht zu Wort, Sylvia redet immer, deshalb bin ich ruhig.«

Sylvia sagt zu einer Freundin über die Teambesprechungen: »Bei uns im Team ist es lahm. Vor allem Ottilie sagt nie was, deshalb muß dauernd ich reden und Vorschläge machen.«
Im Bild sieht das so aus:

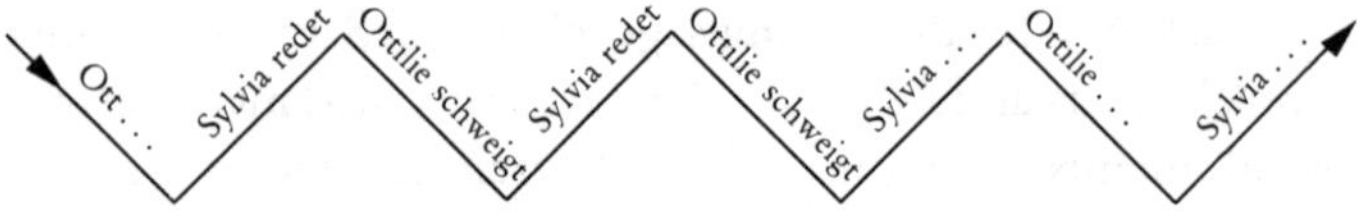

Das ist ein Kreislauf. So kann es ewig weitergehen. Jeder neue Vorgang bestärkt die Partner in ihrer Wahrnehmung und ihrem Verhalten. Allerdings sieht Ottilie den Beginn des Kreislaufs bei Sylvia: »Weil sie redet, schweige ich.« Sylvia sieht den Beginn, also den Anlaß, für ihr eigenes Verhalten bei Ottilie: »Weil sie schweigt, rede ich.«

Es *gibt* keinen festmachbaren Beginn. Keiner kann wirklich feststellen, wo oder wie der Anfang war. Jeder begründet aber sein Verhalten als *Folge* des Verhaltens des anderen. Er schiebt letztlich damit dem anderen die Verantwortung für das eigene Verhalten zu: wenn du anders wärst, dann könnte auch ich anders sein.

(Wieder einmal möchte ich hier den Hinweis geben, daß dies keine bewußten Vorgänge oder böswilligen Verhaltensweisen sind, sondern eher Kommunikationsabläufe, die ich dann auch verändern kann, wenn ich sie kenne.)

Das heißt also: Jeder »strukturiert« unbewußt oder bewußt die Kommunikation zwischen Menschen. Er betrachtet etwas als Reiz (Auslöser, Beginn), etwas anderes als Reaktion (Folge), obwohl jeder Kommunikationsteil *gleichzeitig Reiz und Reaktion* ist. Und weil jede Reaktion die jeweils andere neu hervorruft, ist auch jede Reaktion gleichzeitig eine *Verstärkung* der anderen. Es handelt sich also um Ketten von immer gleichen Abläufen, wobei aber jeder der Beteiligten den Beginn bzw. die Verantwortung beim anderen festmacht.

o Als Gesetz ausgedrückt, heißt das:
  In einer Beziehung setzen die Partner unterschiedliche »Interpunktionen« (d. h. Punkte, Abschnitte; Start-Folge) *in ihrer Kommunikation und leiten davon aber das Verständnis ihrer Beziehung ab.*

Beispiel:
Ein Partner: *Weil du* immer bestimmst, was wir unternehmen, *kann ich nie* einen Wunsch äußern. Zwischen uns sieht es also so aus, daß du rücksichtslos bist und ich immer nachgeben muß.
Ein Partner: *Weil du* nie Wünsche äußerst, *muß ständig ich* Ideen haben. Wenn ich nicht wäre, hätten wir nur Langeweile.

Wie kann mit diesem Ablauf umgegangen werden? Es nützt sicher nichts, sich gegenseitig zu beschuldigen und die Verantwortung für sein Verhalten einander zuzuschieben. Das kann keine Einigung und keine Lösung bringen, weil ja jeder der Partner aus seinem Blickwinkel heraus recht hat mit dem, was er sieht.

Hilfreich ist eher:
* Ich halte den kreisförmigen Ablauf an, indem *ich* aus dem Zirkel aussteige und mein automatisches »Folge-Verhalten« nicht mehr praktiziere.
* Ich mache mir klar, daß es für eine Verhaltenskette verschiedene Blickwinkel gibt, die berechtigt sind. Ich sage meinen Blickwinkel aus und interessiere mich für den des Partners. Beide sind in Ordnung, beide dürfen sein; wir brauchen uns nicht auf einen zu einigen.
* Ich denke darüber nach, welches Verhalten ich für sinnvoller halte: Wie möchte ich sein? Wie möchte ich mich gerne verhalten? Das versuche ich zu verwirklichen.
  Vielleicht kann ich dem Partner noch sagen, was mir als Verhalten von seiner Seite helfen könnte, wie ich mir an dieser Stelle unsere Kommunikation vorstelle. Aber ich mache mein neues Verhalten (Umlernen) nicht davon abhängig, ob er sich ändert.
* So habe ich die Verantwortung für mein Verhalten übernommen. Wenn es noch anders läuft, als ich mir das vorstelle (und das wird sehr oft der Fall sein, weil eingefahrenes Verhalten schwer zu ändern ist), dann ist nicht automatisch der andere schuld. Ich versuche es eben wieder neu.

Solche kreisförmigen Abläufe gibt es in Gruppen häufig, und es ist schwer, sie zu unterbrechen, weil sich ergänzendes Verhalten (Rollen) sehr leicht verfestigt und weil von anderen schon wahrgenommenes Verhalten fast zum Festhalten »verpflichtet«, weil ja sonst »nachgegeben« worden wäre.

Dazu kommt, daß der Versuch, Verhalten zu verändern, immer ein Risiko beinhaltet: Ich verliere Sicherheit, wenn ich Gewohntes aufgebe, auch wenn ich damit nicht glücklich war. Die anderen beobachten meinen Versuch, und das verletzt meinen Stolz. Ich könnte ja auch versagen und dadurch ihre Anerkennung verlieren.

Es kommt noch ein weiteres Erschwernis hinzu, auch wenn der Betroffene das nicht bewußt spürt: Wenn einer in der Gruppe sein Verhalten ändert, betrifft das automatisch alle. Er greift ein in das bestehende Gefüge der Gruppe. Weil er sich verändert, müssen auch die anderen etwas an sich verändern.

Beispiel:
Wenn Bernd beschließt, sich in der Gruppe ab jetzt aktiv zu beteiligen, und das auch durchhält, wird der bisher vorhandene Spielraum für die anderen Mitglieder verändert. Denn er hat bisher ja nichts beansprucht. Die anderen Gruppenteilnehmer müssen sich nun auf Bernd einstellen, sich mit seiner Meinung auseinandersetzen, ihm Platz lassen. . .

Wenn bisher Herr Kranz bestimmt hat, wie die Sonntagsaktivitäten des Ehepaars aussehen, und Frau Kranz das so mitgemacht hat – dann berührt es Herrn Kranz bestimmt sehr, wenn seine Frau ihr Verhalten in diesem Bereich verändert. Vielleicht ist er froh darüber, dann wird er gegen ihre Verhaltensänderung nichts auszusetzen haben. Vielleicht fühlt er sich aber eingeschränkt . . .

Dieser Zusammenhang, daß alle berührt werden, wenn einer sich ändert, hat zur Folge, daß sich Gruppenmitglieder häufig der Verhaltensänderung eines Teilnehmers widersetzen, weil sie sich sonst selbst umstellen müßten. Der betroffene Teilnehmer spürt den Widerstand dann fast wie einen Zwang, das alte Verhalten fortzusetzen.

Man kann eine Gruppe vergleichen mit einem Mobile. Wenn ein Teil sich bewegt, kommen alle anderen auch in Bewegung. Das ist Gruppendynamik.

Deshalb ist es oft leichter, den eingefahrenen Kreislauf von Verhaltensweisen beizubehalten – nicht nur in Gruppen –, auch wenn sich die Beteiligten dabei gar nicht wohl fühlen. Es braucht die Bereitschaft aller, und eventuell auch die Hilfe des Gruppenleiters, sich die Abläufe von verschiedenen Blickwinkeln her anzuschauen und die eigenen Anteile daran zu akzeptieren. Die Hilfe des Gruppenleiters kann darin bestehen, daß er sich selbst auf diese Weise hinterfragt und dadurch Modell wird. Er kann aber auch auf Wahrnehmungen aufmerksam machen, Abläufe anhalten, zum Nachdenken anregen und Anstöße zur Veränderung geben.

6. *Gruppen können aufbauend oder zerstörend sein*

– Zusammenfassende Gedanken –

* »Gruppe« ist etwas höchst Faszinierendes. Sie ist wie ein hochempfindliches »Wesen«, in dem einzelne Teile ständig aufeinander einwirken, miteinander in Beziehung und Wechselwirkung stehen, sich ineinander verweben, und in dem ein Impuls vielfache Auswirkungen hat, je nachdem wie der »Teil« beschaffen ist, auf den er trifft, und wie dieser diese Auswirkung wieder in Aktion und Verhalten umsetzt und wie diese ihrerseits wirken. . .

Es ist ein mehrdimensionales Netzwerk; es ist die Dynamik einer Gruppe.

»Gruppe« ist also mehr als die Summe der einzelnen.

* Erfahrung von »Gruppe« ist für ein Individuum lebensnotwendig. Ich kann in Isolierung nicht leben. Durch die Erfahrungen im Zusammenleben mit anderen kann ich

Sicherheit und Bestätigung erhalten; ich kann eine Vorstellung und ein Bild von mir selbst entwickeln; ich bekomme »Selbst-Bewußtsein«.

Mein Ich-Werden braucht die Beziehung zum anderen. *Martin Buber:* Der Mensch wird durch das Du zum Ich.

* »Gruppe« ist aber nicht immer oder automatisch aufbauend für den Menschen; sie kann ihn auch zerstören und das Gegenteil des oben Erwähnten bewirken: Unterdrückung des Selbstwertgefühls, Verlieren des Glaubens an sich selbst, Blockierung der eigenen Fähigkeiten und Selbstaufgabe.

»Gruppe« ist also nicht »an sich« gut.

»Gruppe« braucht eine Richtung. Gruppe muß gestaltet und verantwortet werden, damit die Mitglieder hilfreiche Erfahrungen machen können.

Um die Frage der Richtung in der Gruppenarbeit geht es im zweiten Teil.

Teil II

In welche Richtung will ich mit Gruppen arbeiten? – Die Themenzentrierte Interaktion (TZI) als System der Gruppenführung

Fragestellungen

- Welche Auffassung vom Menschen habe ich? Welches Menschenbild liegt meiner Arbeit mit Gruppen zugrunde?
- Wie setzt sich dieses Menschenbild in allgemeine Prinzipien des Handelns um? Wie wird es realisiert in der Kommunikation von Gruppenleiter und Gruppenmitgliedern?

1. Gruppenarbeit braucht wertende Entscheidung

Gruppenerfahrung kann für einen Menschen aufbauend oder zerstörend sein. Das war eine wichtige Aussage im ersten Teil dieser Arbeit. Wenn ich aber etwas als »aufbauend« oder »zerstörend« für einen Menschen bewerte, dann heißt das, daß ich ein Bild oder eine Vorstellung in mir trage, wie ich mir »Mensch-sein« denke. An diesem Bild messe ich unbewußt meine Erfahrungen mit Menschen, an ihm richte ich mein Verhalten aus.

Beispiel:
Ernst isoliert sich ständig von den anderen Gruppenmitgliedern. Wenn er angesprochen wird, zuckt er zusammen und fängt an zu stottern. Ich versuche ihm als Gruppenleiter sehr ruhig und freundlich zu begegnen, um ihm langsam mehr Sicherheit zu geben.

- o Weil meine Vorstellung mir sagt, Menschen sollten eher angstfrei und sich ihrer selbst gewiß und sicher sein, empfinde ich das Verhalten von Ernst nicht meinem Bild entsprechend. Ich wünsche für ihn, daß er mehr Freiheit und Selbstsicherheit gewinnt.

Jeder Leiter einer Gruppe hat also schon aufgrund seiner eigenen Lebensgeschichte eine Vorstellung vom Menschen, die sein Verhalten ständig beeinflußt. Diese zum Teil unreflektierte Vorstellung kann Elemente enthalten, die zwar aus seiner eigenen Lebenserfahrung gewachsen sind, aber seinen heutigen Wertvorstellungen und Auffassungen nicht wirklich entsprechen.

Für einen Gruppenleiter ist es deshalb sehr wichtig, sich sein »inneres Menschenbild« immer wieder einmal bewußtzumachen, es zu überprüfen und eventuell neu zu orientieren. Nur dann kann er die konkreten Entscheidungen über sein Handeln und Verhalten an den Werten ausrichten, mit denen er wirklich einverstanden ist.

Als Modell, das der eigenen Überprüfung und auch Orientierung dienen kann, stelle ich hier die »Themenzentrierte Interaktion« (TZI) vor, deren Wertvorstellung/Menschenbild auch der Hintergrund für die übrigen Aussagen in diesem Buch über Gruppenprozesse, Leiterverhalten, Planung und Methoden ist.

2. *Einführung zur Themenzentrierten Interaktion (TZI)**

Die Themenzentrierte Interaktion (TZI) von *Ruth Cohn* gehört zu den Methoden der Humanistischen Psychologie. Die TZI geht aus von grundsätzlichen Aussagen über den Menschen (einem Menschenbild) und leitet davon Prinzipien des Handelns ab. Da es in allen Überlegungen der TZI um die Arbeit mit Gruppen geht, werden diese Handlungsprinzipien schließlich umgesetzt in konkrete Vorschläge, wie die Kommunikation in der Gruppe gestaltet werden kann, damit sich Menschen in Richtung des beschriebenen Menschenbildes entwickeln können.

* Vgl. *Ruth Cohn,* Von der Psychoanalyse zur Themenzentrierten Interaktion, Stuttgart 1976

Der Name »Themenzentrierte Interaktion« (TZI) bedeutet:
- mehrere *einzelne Menschen*
- treffen sich um *ein Thema, ein Anliegen* (eine Sache) herum (themen-zentriert),
- und dabei *geschieht zwischen ihnen Interaktion*, d. h., alle erfahren Beziehung und Austausch untereinander.

Etwas anders ausgedrückt, heißt das:
Drei Faktoren sind als *Realität* in der Gruppenarbeit immer vorhanden:
- o Jedes einzelne *»Ich«* der Mitglieder und des Leiters: ICH.
- o Das *»Wir«*, die Beziehung untereinander: WIR.
- o Das Thema, *die Sache*, das Anliegen: SACHE.

Ich kann diese Faktoren berücksichtigen und in die Gruppenarbeit einbeziehen, oder ich kann einzelne Faktoren übergehen. Auch wenn ich einen Faktor vernachlässige, ist er vorhanden, und mein Tun hat Auswirkungen auf die beteiligten Menschen.

Beispiel:
Viele Gruppen berücksichtigen als Realität nur die Sache, das Thema. Was in einem einzelnen vorgeht, wie er sich fühlt, was er wirklich denkt, wie er zum Thema oder zu einzelnen Teilnehmern steht, was ihn stört oder freut, hat kein Gewicht. Es wird als nebensächlich angesehen, weil es scheinbar die Arbeit beeinträchtigt. Was zwischen den Personen geschieht, wird nicht wahrgenommen oder auch als Störung weggedrängt.

Um mich als Gruppenleiter entscheiden zu können, ob z. B. nur das Thema (Sache) in einer Gruppe wichtig ist oder auch die Situation und Befindlichkeit jedes einzelnen Mitgliedes (Ich), oder auch die Beziehung untereinander (Wir), brauche ich einen Maßstab, an dem ich meine Entscheidung messen kann.

Dieser Maßstab ist das Menschenbild, also die Auffassung davon, wie ich mir den Menschen und seine Entwicklung und

Entfaltung vorstelle. Dazu macht die TZI Aussagen. Sie nennt sie Axiome, d. h. »ohne Beweis einleuchtende Grundsätze«. Diese Axiome nennen das Grundverständnis, von dem die Überlegungen zu einer Gruppenarbeit ausgehen, die aufbauend und nicht zerstörend ist.

3. Die Grundsätze (Axiome) der TZI

Diese Grundsätze, die *Ruth Cohn* ihrer Gruppenmethode »TZI« vorausstellt, sind die von ihr unverrückbar angenommenen und deshalb auch nicht hinterfragbaren oder diskutierbaren Annahmen von »Mensch-sein«; sie sind wie »Glaubenssätze«:

– So glaube ich, ist der Mensch.
– Dazu ist er berufen.
– So soll Zusammenleben aussehen!

Diese Grundsätze sind der Hintergrund, der dann Entscheidungshilfe gibt für Überlegungen zur Gestaltung von Gruppenarbeit.

Erster Grundsatz

○ *Der Mensch ist autonom und interdependent.*
Autonomie wächst mit dem Bewußtsein der Interdependenz.

Das bedeutet:
Der Mensch ist in seinem Wesen immer *gleichzeitig*

- *autonom:* d. h. Individuum, einzigartige Person, selbständig, unabhängig, selbstbestimmend, eigenständig;
und
- *interdependent:* d. h. soziales Wesen. Er steht immer in Wechselwirkung mit Personen und Dingen und in ständiger Verbundenheit mit ihnen (»All-verbundenheit«). Er wird beeinflußt und beeinflußt selbst. Menschen und

Geschehnisse sind keine isolierten Begebenheiten, sondern bedingen einander.
Ich kann auch sagen: *Ich bin immer gleichzeitig ein Ich und ein Du.*

In der Spannung der beiden Pole »Autonomie und Interdependenz« stehe ich ständig; beides ist meiner Verantwortung zugesprochen. Ich kann meine »Bestimmung« in zwei Richtungen verfehlen:

- Wenn ich meine Autonomie vernachlässige oder aufgebe zugunsten derer, mit denen ich in Wechselwirkung stehe; wenn ihr Wille mein Wille wird und ihr Denken und Wünschen mein Denken und Wünschen ist; wenn ich in der Gruppe aufgehe.
- Wenn ich meine Autonomie zu sehr oder ausschließlich ausbaue auf Kosten derer, mit denen ich in Wechselwirkung stehe; dann werde ich egoistisch und beziehungsunfähig; ich bleibe allein.

Das *Ziel* und der Weg kann also nur heißen: *autonom sein (werden) im Bewußtsein und in Berücksichtigung der Interdependenz.* Wobei das Erstaunliche geschieht: je mehr ich mir der Abläufe, Bedingungen und Gesetzmäßigkeiten der Interdependenz (der Wechselwirkungen) *bewußt werde,* desto autonomer, selbstbestimmender und letztlich freier kann ich werden.

Beispiel:
Wenn ich vom Inhalts- und Beziehungsaspekt in der Kommunikation weiß und in meinen Begegnungen beides nennen und offenlegen kann, werde ich dem anderen gerechter, und ich werde gleichzeitig sicherer und stabiler in mir selbst.
Oder:
Ich *erkenne,* daß eine Redepause in einem Gespräch mich sofort als Überbrücker auf den Plan ruft und zum Reden bringt, obwohl ich selbst eigentlich gar nicht will. Nun kann ich mir überlegen, warum das so ist, was ich damit erreichen oder vermeiden will, und kann mich entscheiden, ob ich dieses Verhalten ändern möchte.

Zweiter Grundsatz

Der zweite Grundsatz ist eine Entscheidung für das Leben:

○ *Allem Lebendigen und seinem Wachstum gebührt Ehrfurcht und Respekt. Jede Entscheidung ist danach zu bewerten, ob sie dem Wachstum dient.*

Das verpflichtet mich, mir immer wieder klar darüber zu werden, was ich als »Leben« oder »Wachstum« betrachte, bezogen auf mich und den Zusammenhang, in dem ich stehe, und bezogen auf die Menschen bzw. Lebewesen, mit denen ich zu tun habe.

Beispiel:
Eine Gruppenteilnehmerin hat sich in sich zurückgezogen, schaut nur noch vor sich hin und beteiligt sich nicht mehr am Geschehen der Gruppe. Es ist für mich als Leiter sichtbar und spürbar, daß für sie etwas nicht in Ordnung ist. Vorausgegangen ist, daß sie von jemand anderem übergangen wurde.

- Spreche ich sie an, und wenn, wie mache ich das?
- Dient es ihrem Wachstum, wenn ich ihr aus ihrer »Ecke« heraushelfe, indem ich sie unterstütze, wieder ins Geschehen einzusteigen? Oder hindere ich damit ihr Wachstum, indem ich ihr vielleicht die Bestätigung gebe, daß Rückzug Zuwendung bringt?
- Wie kann ich eventuell die Unterstützung geben, die ich für wichtig ansehe, ohne gleichzeitig die wachstumshemmende Tendenz »Rückzug um Zuwendung zu bekommen« zu verstärken? Wie kann ich ihr vermitteln, daß sie über ihr Verhalten entscheiden kann (es nicht nur spontan aus alter Gewohnheit heraus irgendwie praktizieren muß) und daß ich die Entscheidung respektieren werde?

Es ist einsichtig: Es gibt nicht *eine* richtige Entscheidung für jede Situation und jeden Beteiligten, was Wachstum sei. Dieser Grundsatz fordert, daß ich mich immer neu entscheide und mich in jeder Situation aktuell frage: Was dient hier und jetzt unter Einschätzung der Gesamtsituation meiner Meinung nach dem »Leben«? Ich kann mich dabei von anderen beraten lassen, aber entscheiden muß ich selbst. Damit ist auch der erste Grundsatz wieder mitangesprochen.

Dritter Grundsatz

○ *Freie Entscheidung geschieht innerhalb bedingender innerer und äußerer Grenzen.*
Erweiterung dieser Grenzen ist möglich.

Menschen können frei entscheiden. Die Freiheit ist jedoch nicht grenzenlos. Meine freie Entscheidung ist Grenzen in mir unterworfen und Grenzen, die von außen gegeben sind. Ich kann jedoch daran arbeiten, diese inneren und äußeren Grenzen auszuweiten.

Beispiel:
Ich kann mich im Augenblick vielleicht nicht frei dafür entscheiden, in einem größeren Kreis zu sprechen, weil ich Angst habe (innere Grenze). Ich kann daran arbeiten, meine Ängste besser kennenzulernen und meine Grenzen auszuweiten.

Ich kann mich nicht dafür frei entscheiden, daß ich in einer gesunden Welt lebe. Ich kann aber versuchen, selbst umweltbewußter und gesünder zu leben, oder ich kann auch einer Aktionsgruppe beitreten und dadurch diese äußere Grenze erweitern.

Alle drei Grundsätze stehen miteinander in Zusammenhang. Jeder einzelne ist ein Teil des anderen. Alle Grundsätze sind voller Spannung:
- Autonomie *und* Interdependenz,
- Leben *gegen* Tod,
- Freiheit *und* Begrenztheit.

4. Forderungen (Postulate) an den einzelnen und an die Gruppenarbeit

Wer diese Grundsätze über den Menschen liest und teilt, hat noch wenig konkrete Anhaltspunkte dafür, was sie für sein Leben und Zusammenleben mit anderen bedeuten. Die Grundsätze geben kein Rezept für Verhalten in bestimmten

Situationen. Sie erlauben keine Antwort darüber, was für verschiedene Menschen in einer Situation »das Richtige« sei. Was für den einen »Wachstum« sein kann, mag für einen anderen in seiner Lebenssituation Einengung sein. Was für einen gerade jetzt »Autonomie« ist, kann für den anderen in genau dieser Situation Überforderung bedeuten.

Auch wenn keine allgemeingültigen Schlüsse über »richtig und falsch« aus diesen Grundsätzen gezogen werden können, sind sie dennoch nicht das Tor zu Willkür oder Überbewertung des einzelnen, wie manchmal befürchtet wird. Denn wer sein Leben ausrichten will nach diesen Grundsätzen, bindet sich durch das Axiom »Allem Lebendigen und seinem Wachstum gebührt Ehrfurcht« und durch die Berücksichtigung der Tatsache der »All-verbundenheit« an die Respektierung jedes Menschen.

Zwei Seiten sind immer gleichzeitig wichtig:

* meine Autonomie *und* deine Autonomie
* meine Entfaltung *und* deine Entfaltung
* meine Freiheit *und* deine Freiheit

Wie die Verwirklichung dieses Anspruchs in einer konkreten Situation aussieht, kann nur jeder Mensch für sich selbst bestimmen. Er allein weiß, welches Bewußtsein von der vorliegenden Situation er selbst augenblicklich hat, welche Kräfte und Fähigkeiten ihm verfügbar sind und was momentan das Wichtige und Richtige in seinen Augen ist.

Deshalb können aus den Axiomen keine konkreten Verhaltensangaben folgen. Ihre schlüssige Fortführung besteht wiederum in mehr grundsätzlichen Forderungen (Postulaten), die jedem einzelnen die ständige Verantwortung für sein Handeln zuweisen.

o *Nimm jeden Augenblick als Angebot für deine Entscheidung.* Entscheide, was du jetzt unter Berücksichtigung der gesamten Situation verantwortlich tun willst im Sinne der Wachstumsförderung.

- *Sei dein eigener Chairman,* d. h., *leite dich selbst.*
  (Der »Chairman« ist derjenige, der bei einer Kutsche vorn auf dem Bock sitzt und die Verantwortung für die Fahrt trägt.)
  Sei also der verantwortliche Leiter deiner selbst in dieser Gruppe.

  D. h.: Sprich oder sprich nicht, wie du es für richtig und wichtig hältst. Gib anderen, was dir wichtig ist zu geben; versuche zu bekommen und zu nehmen, was du brauchst und willst. Sei dein eigener Regulator, führe dich selbst, verantworte dich selbst. Respektiere deinen eigenen Standpunkt und deine Bedürfnisse ebenso wie die der Gruppenmitglieder, die ihrerseits sich selbst und ihre Interessen vertreten. Versuche dir deiner inneren Empfindungen bewußt zu werden, der wechselnden Gefühle und der tief verankerten Grundstimmungen, deiner Wahrnehmungen im Gruppengeschehen, deiner Eingebungen, Phantasien, Urteile, Wertungen, Absichten. Nimm dich und andere wahr. Schenke dir und anderen die gleiche menschliche Achtung. Nimm dich selbst und die anderen ernst.

  »Mein eigener Chairman sein« bedeutet also, meine Möglichkeiten und Grenzen als menschliches Wesen zu begreifen. Ich bin nicht allmächtig – ich bin nicht ohnmächtig.

  Chairman sein heißt nicht, zu tun wozu ich gerade Lust habe oder unterwürfig einem »Soll« zu folgen (weder einem inneren noch einem äußeren). Es bedeutet, im Hier und Jetzt Entscheidungen zu treffen, die mich selbst und die Situation, in der ich mich befinde, im Blick haben. Zu dieser Situation gehören auch die anderen beteiligten Teilnehmer.

- Auf diesem schwierigen Weg wird es oft Störungen geben, die dich oder andere hindern. *Beachte solche Hindernisse und Störungen* (deine und die der anderen), und versuche, mit ihnen umzugehen für dich allein oder indem du sie den anderen nennst. Ihre Bearbeitung hat Vorrang, weil *Hindernisse und Störungen Wachstum erschweren. In diesem Sinn haben Störungen Vorrang.*

Diese hier genannten und beschriebenen »Postulate« sind für *Ruth Cohn* die Richtschnur der Arbeit mit Gruppen, bzw. die Richtschnur für verantwortliches Leben in Gruppen. Sie sind gleichzeitig Weg *und* Ziel einer guten Gruppenarbeit.

Das heißt: Es ist ein *Ziel,* immer autonomer, selbst-bewußter und entscheidungsfähiger im Bewußtsein meiner Verantwortung für mich und andere zu werden. Ich kann dieses Ziel aber nur erreichen, wenn ich mich immer wieder neu auf den *Weg* mache, in kleinen Schritten diese Fähigkeiten zunehmend zu entwickeln und einzuüben.

5. *Die Bedeutung von Sache-Ich-Wir in der Gruppenarbeit*

Auf dem Hintergrund der drei genannten Grundsätze und der daraus entwickelten Forderungen kann nun auch eher die Frage betrachtet und beurteilt werden, welche Bedeutung es hat, wenn die in der Gruppenarbeit real vorhandenen Faktoren »Ich/Wir/Sache« (vgl. S. 87) berücksichtigt werden bzw. wenn einzelne ausgeblendet bleiben.

Dazu werden diese Faktoren noch einmal genannt und aufgeschlüsselt:

- *Sache:* = Thema, Sachanliegen einer Gruppe, z. B.: ein bestimmtes Thema, ein Auftrag, eine Aufgabe, ein Gespräch, Basteln, Spielen, Ausflug machen, eine Aktion planen usw.
- *Ich:* = Die einzelnen Personen mit ihren Wünschen, Gedanken, Gefühlen, Wahrnehmungen, Erfahrungen,
  - in bezug auf das gerade anstehende Thema (Sache);
  - in bezug auf die aktuellen Erlebnisse mit den anderen Gruppenmitgliedern (Wir);
  - in bezug auf die eigene Situation und Geschichte.
- *Wir:* = Das Zusammenspiel der Gruppe, ihre Kommunikation und ihr Umgangsstil und das, was die einzelnen Teilnehmer dabei erleben,

  z. B.: – Wie agieren die verschiedenen »Ichs« miteinander gerade jetzt und bei dieser Sache?

- Wie wird miteinander gesprochen – wer gibt den Ton an, wer kommt nicht zum Zug?
- Welche Normen, Sanktionen, Rollen ... werden jetzt gerade wirksam? usw.

Was geschieht in der Gruppe und für den einzelnen, wenn, wie es oft der Fall ist, nur der Faktor »Sache« im Blick ist und die anderen beiden Faktoren »Ich« und »Wir« nicht gesehen und einbezogen werden?

Wenn nur die »Sache« gilt und Gefühle, Erfahrungen und Meinungen der einzelnen (»Ich«) eher unberücksichtigt bleiben oder störend empfunden werden, kann das bei längerer Dauer dieser Erfahrung auf die Einstellung der betreffenden Menschen zu sich selbst folgende Wirkung haben: Ich bin unwichtig, meine Erfahrungen und Gefühle sind unwichtig.

Autonomie und Wachstum werden beschnitten.

Etwas Ähnliches geschieht, wenn das »Wir« unberücksichtigt bleibt und wenn nicht ausgesprochen wird, was der einzelne in der Begegnung mit den anderen erlebt: Ich freue mich, wenn du ...; ich ärgere mich, weil ...; ich möchte hier ...; mir fällt schwer ...; ich erlebe dich ...; mich blockiert ...; mir hilft ...; das finde ich gut ...; usw. Dann »lernen« die Gruppenmitglieder (oder vertiefen ihr bisheriges Lernen in diesem Bereich), daß sie ihren eigenen Gefühlen im Zusammenhang mit anderen nicht trauen können, daß ihr inneres Erleben bedeutungslos ist und verheimlicht werden muß (vgl. Normen in Gruppen). Jeder muß viel verschweigen und mit sich selbst ausmachen und denkt schließlich: es geht nur mir so, es liegt nur an mir, wenn ich mich z. B. ängstlich fühle oder wenn ich nicht sprechen kann, usw.

Die Gruppenmitglieder »lernen« nicht, in welchen Zusammenhängen ihre Gefühle und Gedanken stehen. Sie sind ihnen deshalb mehr ausgeliefert. Das wird sie aber auch daran hindern, an sich selbst zu arbeiten und die Bedingungen des Zusammenlebens verantwortlich mitzugestalten und zu verändern.

Wenn andererseits einseitig der Faktor »Ich« im Spiel ist, wird ein Zusammenleben nicht möglich, weil jeder nur sich selbst sieht, keine Rücksicht auf den Zusammenhalt der Gruppe nimmt, (Interdependenz, Wir) und die Aufgabe (Sache) außer acht läßt.

Wenn auf lange Zeit ausschließlich das »Wir« im Blick ist, kreist die Gruppe in sich selbst. Der einzelne bekommt nicht genügend Spielraum für seine Individualität, und die Sache wird nicht weiterentwickelt.

Deshalb heißt die Forderung der TZI, allen drei Faktoren im Gruppengeschehen möglichst gleichrangig Raum zu geben. Wenn Ich, Wir und Sache in Balance, d. h. in einem dynamischen Gleichgewicht, stehen, geschieht Gruppenarbeit im Sinne der Axiome.

Die Gleichrangigkeit der drei Faktoren wird idealtypisch im Bild des gleichwinkligen Dreiecks dargestellt. Sache, Ich

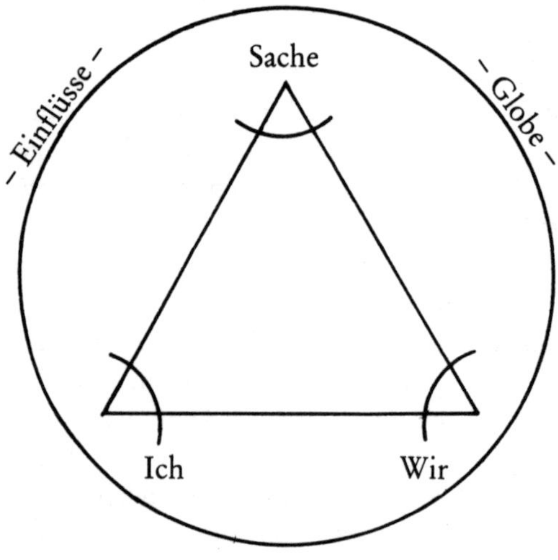

und Wir gehören zur Realität jeder Gruppe und werden der Aufmerksamkeit des Leiters und der Teilnehmer empfohlen.

Umgeben wird das Dreieck von einem Kreis (*Ruth Cohn*: »Globe«), der den Kontext, in dem die Gruppe steht (die Einflußfaktoren), darstellt. Auch diese müssen in ihrer Bedeutung für Ich, Wir und Sache reflektiert werden.

Nun können aber *nicht* alle drei Faktoren *gleichzeitig*, und in den unterschiedlichen Arten von Gruppen auch *nicht gleich stark* im Gruppengeschehen Raum haben. Je nach Situation und Art der Gruppe wird einmal mehr die Sache oder mehr das Ich oder das Wir im Vordergrund stehen. Angestrebt wird ein »dynamisches Gleichgewicht« der Faktoren; d. h., alle Faktoren sollten im Blick sein und in ihrer Wichtigkeit begriffen werden, aber für jede Gruppe und Situation muß neu entschieden werden, welcher Faktor jetzt im Vordergrund stehen soll. Der Bewertungs- und Auswahlmaßstab ist das Wachsen von Autonomie unter Berücksichtigung der Interdependenz und die Erweiterung von inneren und äußeren Grenzen.

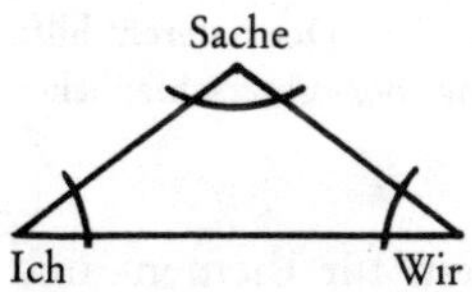

Das bedeutet:
Es gibt Gruppen, bei denen auf längere Zeit oder generell die Aufgabe, *die Sache im Vordergrund steht* und Ich und Wir mehr mitlaufend oder punktuell beachtet werden. (Der Winkel »Sache« ist größer als »Ich« und »Wir« – Ich und Wir verschwinden aber nicht.)

Solche Gruppen sind z. B. Ausschüsse, Arbeitskreise, bestimmte Bildungsveranstaltungen usw.

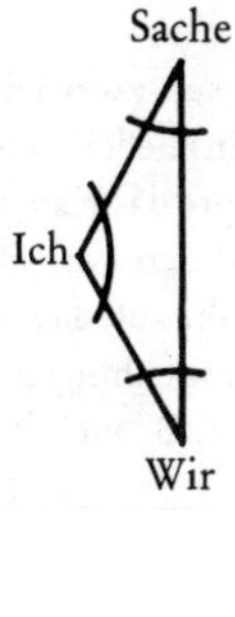

In anderen Gruppen ist generell oder für eine bestimmte Zeit *das Ich im Vordergrund*. Die Mitglieder reflektieren z. B. vorrangig eigene Standpunkte, Werte, konfrontieren sich mit der eigenen Lebensgeschichte, usw.

Das sind person-orientierte Gruppen, wie Therapiegruppen, Selbsterfahrungs- oder Selbsthilfegruppen, usw.

In anderen Gruppen kann auch *das Wir im Vordergrund* sein. Die Gruppenmitglieder setzen sich vorrangig mit den Beziehungen untereinander auseinander. Die Erfahrungen, die jeder im Zusammenleben macht, werden zum Lerngegenstand.

Das typischste Beispiel dafür sind gruppendynamische Trainings.

Abgesehen von solchen Gruppen, die generell von ihrer Anlage her einem Faktor den Vorrang einräumen, ergeben sich in allen Gruppen solche »Winkelverschiebungen« durch den Ablauf der Gruppenarbeit und die jeweils der Situation angemessene Gewichtung der Faktoren. Aber *alle Faktoren brauchen Raum.*

Beispiel:
Bildungsveranstaltung für Senioren. Es geht um das Thema: Ruhe und Aktivität im Alter. Ein Referent hält einen Vortrag, in dem er zunächst seine Meinung darstellt (Sache). Er streut Beispiele und Fragen ein, zu denen die Zuhörer aus ihrer Sicht Beiträge geben und eigene Erfahrungen berichten (Ich). Dabei lernen die einzelnen voneinander, wie jeder seinen Alltag bewältigt, sie kommen miteinander ins Gespräch (Wir). Der Referent hilft, daß das Gespräch unter gegenseitiger Achtung der unterschiedlichen Erfahrungen abläuft (Wir).

Diese Überlegungen bringen vor allem für themen- und sachorientierte Gruppen, Arbeitskreise und Ausschüsse wichtige Impulse und werfen ein zweifelhaftes Licht auf die menschliche Qualität mancher Arbeitsweisen.

Beispiel:
Bei einer Fortbildung berichtet eine Teilnehmerin davon, seit zwei Jahren Mitglied eines Pfarrgemeinderats zu sein (insgesamt 12 Mitglieder) und in dieser Zeit im Plenum noch nie gesprochen zu haben. Sie hatte das bisher für sich so »geklärt«, daß sie unfähig und dumm sei, die anderen (vor allem manche anderen) eben fähig und klug. Zum ersten Mal ging ihr auf, daß diese ständig negativen und bedrückenden Erfahrungen zusammenhingen mit vielen Faktoren, die nicht *nur* in ihr selbst liegen, sondern z. B. auch in der ausschließlichen Berücksichtigung des Faktors »Sache«, und daß diese

Erlebnisse vor allem nicht wie ein unentrinnbares Schicksal so bleiben müßten. Damit sind erste Schritte für mögliches neues Verhalten und neue Erfahrungen getan.

In einem nächsten Schritt wird nun an einem Beispiel versucht, die einzelnen Faktoren Ich, Wir und Sache genauer herauszuarbeiten, um sie besser erkennen zu können. Das ist deshalb wichtig, weil wir alle bisher wahrscheinlich eher Gruppen erlebt haben, in denen die Faktoren Ich und Wir zu kurz gekommen sind.

In einem weiteren Schritt werden dann einige konkrete Anregungen oder Regeln zusammengestellt, deren Beachtung und Einübung dazu beitragen, die Grundsätze und Postulate und die Gleichrangigkeit der drei Faktoren in der Gruppenpraxis zu realisieren.

6. Ich – Wir – Sache an einem Beispiel

Situation:

In einem Pfarrgemeinderat sind 15 Mitglieder. Es geht bei dieser Sitzung um die Gestaltung eines Festes für die Pfarrei, zu dem viele Menschen erwartet werden. Unter anderem wird darüber beraten, was Getränke und Essen kosten sollen.

- Jugendliche vertreten engagiert: Selbstkostenpreis, keine Gewinne erzielen, dadurch vor allem für Familien mit Kindern das Fest attraktiv machen.
- Erwachsene vertreten: Günstige Preise mit kleiner Gewinnspanne, die einem Projekt der Gemeinde zugute kommt.

Es wird lange und gründlich gesprochen.

Was ist die Sache (das Thema)?

- Kosten von Getränken und Essen;
- Prioritäten in der Arbeit der Gemeinde;
- Verständnis von Gemeinde und Festgestaltung, usw.

Was sind Ich-Faktoren (bezogen auf jedes einzelne Mitglied)?
- Meine Auffassung von Gemeinde und meine bisherigen Erfahrungen mit Gemeinde;
- meine Vorerfahrungen von anderen Festen und meine persönlichen Wünsche und Bedürfnisse bei einem Fest;
- meine Bedürfnisse in der Gruppe, z. B. mich durchzusetzen und Einfluß zu haben;
- meine Einstellung zu »Jugendlichen«, »Erwachsenen« usw.

Was sind Wir-Faktoren?
- Wie reden die Mitglieder miteinander? Wessen Meinung gilt, wer wird übergangen?
- Wie wird mit unterschiedlichen Meinungen umgegangen? Was bewirkt das für die einzelnen Teilnehmer? (Verstummen, ärgerlich werden, Vermittlungsangebote machen . . .)
- Wer fordert mich heraus, wem möchte ich gern eins auswischen, wer ärgert mich, wen erlebe ich unterstützend? usw.
- Was steht eventuell hinter der sachlichen Meinungsverschiedenheit? (Z. B. Vorgeschichte zwischen Jugendlichen und Erwachsenen oder zwischen einzelnen Beteiligten.)
- Wie wird der Konflikt gelöst, und wie erleben dies die Mitglieder? Welche Wirkung hat die Lösung auf die Beteiligten? usw.

Wenn die einzelnen Faktoren hier so aufgeschlüsselt werden, dann heißt das nicht, alle diese Fragen *müßten* in der Diskussion des Pfarrgemeinderates anklingen oder aufgegriffen werden. Aber sie sind als Realität dabei – jedes einzelne der genannten Momente,und es ist wichtig, ihnen an entsprechenden Stellen Raum zu geben. Das geschieht zum einen schon bei der Vorbereitung eines Treffens oder einer Sitzung durch die Planung entsprechender teilnehmerorientierter Methoden (vgl. Teil IV und V). Zum anderen können Leiter und Mitglieder darauf achten, an welchem Punkt der sachlichen Auseinandersetzung einer der Ich- oder Wir-

Faktoren starke Bedeutung hat für einzelne Teilnehmer, für den Gruppenprozeß oder auch für die Sacharbeit.

Beispiele:
»Hinter dem, was Sie gerade sachlich vertreten, höre ich ein engagiertes, persönliches Anliegen. Es würde mir helfen, wenn Sie das nennen könnten.« (Ich.)

»Im Augenblick erlebe ich die Diskussion so, daß jeder bei seiner vorgefaßten Meinung beharrt und diese immer neu begründet und darstellt. Ich glaube, niemand hört mehr auf die Anliegen der anderen, ich merke das auch bei mir. Wie können wir das ändern?« (Wir.)

Wenn solche Momente in sachliche Gespräche mit hineingenommen werden, wird mit der Zeit in der Gruppe das Bewußtsein wachsen, daß diese Bereiche zum Leben der Gruppe gehören:

- Es ist »erlaubt« (neue Norm!), in sachlichen Gesprächen auch persönliche Anteile zu haben.
- Es ist »erlaubt«, im Umgang miteinander Gefühle wahrzunehmen und sie auszusprechen und die Art der Kommunikation als wichtig zu erachten.

Damit wächst Selbst-Bewußtsein: Ich werde mir meiner inneren Gegebenheiten (Gefühle, Gedanken, Prozesse) mehr bewußt, ich lerne mich kennen, indem ich meine Erfahrungen an mich heranlasse und sie ernst nehme. Wenn ich *meine* Erfahrungen ernst nehme, kann ich auch besser verstehen, daß die anderen Menschen ein Recht auf ihre Erfahrung haben. Insofern ist das Ernstnehmen der eigenen Erfahrungen sogar die Voraussetzung dafür, mich anderen offener und vorurteilsfreier zuwenden zu können. Es entsteht damit auch mehr Bewußtsein für Vorgänge und Prozesse zwischen Menschen und für ihren Einfluß auf sachliche Arbeit und persönliches Wachsen.

Das wiederum trägt dazu bei, daß sachliche Arbeit befriedigender und effektiver verläuft: Denn Personen, die sich ihrer selbst gewiß sind, die in geklärten Beziehungen zu ihren Partnern stehen und die ihr eigenes Interesse und Anliegen an einer Sache entdeckt haben, arbeiten gezielter, ausdauernder und kreativer, weil ihre Kräfte und Energien frei sind.

7. Anregungen und Hilfs-regeln zur Umsetzung

* Leben und Wachstum,
* Autonomie im Bewußtsein der Interdependenz,
* Erweiterung von Freiheit und Ausweitung von Grenzen
geschieht oder wird ermöglicht, wenn in Gruppen die persönlichen Anteile, das Prozeßgeschehen und die Sache in eine dynamische Balance gebracht werden.

Das ist Behauptung und Versprechen zugleich.

Welche Hilfen gibt es, diese Balance zu fördern? Wie kann ich mich verhalten, um zu diesem Ausgleich beizutragen? Welche Haltungen und Verhaltensweisen kann ich als Leiter bei mir und bei Gruppenmitgliedern fördern, um persönliches Wachstum, hilfreiche Kommunikation und sachlich gute Arbeit zu ermöglichen?

Dazu werden hier einige Anregungen (Hilfs-regeln) zusammengestellt (vgl. *R. Cohn, D. Stollberg*). Sie werden formuliert als Aufforderung und Ermutigung zu einem bestimmten Verhalten. Grundlage allen *Verhaltens* aber ist die innere Einstellung *(»Haltung»)*. Diese Verhaltenshinweise sind deshalb auch Anfrage an die eigene innere Einstellung und können helfen, diese mehr kennenzulernen und neu zu orientieren. In einem späteren Teil wird auf die Frage der Haltung noch einmal ausdrücklich eingegangen (vgl. Teil III).

Anregungen für Verhalten (Hilfs-regeln)

(1) Übernimm selbst die Verantwortung für dein Fühlen und Handeln. Werde dir bewußt, was du in dieser Sitzung (Arbeitskreis, Gruppenstunde . . .) beitragen willst und was du bekommen möchtest. Versuche, das auch zu tun oder als Wunsch anzumelden. Erwarte nicht, daß die Motivierung zum Mitmachen nur von den anderen kommt, sondern werde dir klar über deine eigenen Motive.

Das fordert die Umkehrung des sonst üblichen Verhaltens:

»Wenn die anderen interessierter wären, dann würde auch ich mehr mitmachen.«

»Wenn der Leiter nicht so lahm wäre, dann könnte ich meine Ideen viel besser einbringen.«

»Ich hätte die Aufgabe ja sehr gerne übernommen, aber es hat mich keiner angesprochen.«

»Ich wäre ja so gern gekommen, aber ihr hattet vergessen, mich einzuladen. Da habe ich mir gedacht, ihr sollt das ruhig spüren.«

(2) Leite dich selbst. Bestimme selbst, wann du reden oder schweigen möchtest, ob du aktiv oder passiv sein willst. Aber entscheide es – und mache nicht andere dafür verantwortlich.

Beispiel:

Ansgar ist in der Gruppe immer sehr schweigsam. Er meint, die anderen legen ja doch keinen Wert auf seine Meinung. Innerlich weiß er aber auch, daß er selbst einfach Angst hat und sich wenig zutraut. Er möchte diese Situation gern ändern. Also nimmt er sich vor, einen »günstigen« Augenblick abzuwarten, wo er sich »vielleicht« ins Gespräch einschalten kann, und hofft, daß sich ein solcher Moment bald »ergibt«. Im Grunde bleibt Ansgar passiv und macht weiterhin sein Verhalten von anderen abhängig. Er leitet sich *nicht* selbst.

Wenn Ansgar der neuen Regel folgt, wird er anders vorgehen. Er entscheidet sich, daß er mitreden will. Er wartet nicht, bis andere ihm günstige Situationen liefern, sondern bemüht sich selbst, Wege zur Verwirklichung seines Vorsatzes auszudenken (z. B. er spricht mit den anderen Mitgliedern über seine Schwierigkeiten, usw.). Wenn Ansgar Hilfe für die Umsetzung seines Vorsatzes braucht, wird er sich selbst um diese Hilfe bemühen.

Beispiel:
Katharina hält sich im Gesprächskreis sehr zurück. Sie möchte gern zuhören und ihren Gedanken nachgehen. Sie kann sich so besser konzentrieren. Als sie von anderen Teilnehmern auf ihre Schweigsamkeit angesprochen wird, erklärt sie die Zusammenhänge. Sie ist mit ihrem Verhalten einverstanden, weil sie sich dafür entschieden hat. Deshalb machen sie die Anfragen der andern Teilnehmer auch nicht unruhig und sie fühlt sich nicht angegriffen.

(3) Versuche dir bewußt zu sein, was du in Wirklichkeit sagen oder tun willst, und nicht nur, was du sagen oder tun solltest und was von anderen erwartet wird.

(4) Vertritt dich selbst! *Sage »ich . . .«* und nicht »wir . . .« oder »man . . .«, *wenn du* in Wirklichkeit *dich meinst.*

Ich denke . . ., ich fühle . . ., ich hoffe . . ., ich möchte . . .
statt:
man müßte jetzt . . ., wir meinen alle . . ., wir sollten . . .

Wenn ich »Ich« sage, d. h. offen zu meinen Gedanken, Meinungen und Gefühlen stehe, werde ich angreifbarer, weil andere ihre Gedanken, Meinungen und Gefühle daneben oder dagegen setzen können. Das kann mich verletzen. Bei »man« oder »wir« kann ich mich immer noch zurückziehen und sagen: »Ich habe ja gar nicht mich gemeint.«

Wenn ich »Ich« sage, übernehme ich die Verantwortung für meine Worte. Ich werde mir meiner selbst mehr bewußt und lerne zu dem zu stehen, was ich denke und fühle. Ich werde dann auch leichter akzeptieren können, daß andere anders denken und fühlen. Begegnungen können direkter und wahrhaftiger werden, weil ein Stück von der »Maske« verschwunden ist.

Das heißt auch:
Mache mehr »Ich-Aussagen« (sende Ich-Botschaften) und weniger »Du-Aussagen«. Dann übernimmst du Verantwor-

tung für dich und deine Gefühle und lernst deine Anteile an der Kommunikation mit anderen wahrzunehmen.

»Ich habe Mühe dir zuzuhören, wenn du lange am Stück redest. Ich will auch einmal etwas dazu sagen.«

Statt:

»Du redest ständig. Du kannst überhaupt nicht aufhören zu reden.«

»Ich möchte heute gern ins Theater gehen, und ich will auch gern, daß du mitgehst.«

Statt:

»Du gehst nie mit mir ins Theater!«

(5) Wenn du schon Aussagen über andere oder Beobachtungen über Personen oder Sachverhalte mitteilen willst, gib den Zusammenhang mit dir selbst bekannt, soweit er dir zugänglich ist.

»Frau Müller hat sich bei unserem Treffen gestern so aufgeregt über die Art, wie bei uns zu den Treffen eingeladen wird. Mich beschäftigt das heute noch. Ich frage mich . . .«

Vermeide nach Möglichkeit Interpretationen anderer. Teile eher deine persönliche Reaktion mit oder den Eindruck, den eine Äußerung oder ein Verhalten bei dir hervorgerufen hat.

Nicht:

»Wie du dich hier verhältst, scheint mir ziemlich außengesteuert. Du hast ja überhaupt keine eigene Meinung.«

Eher:

»Ich weiß jetzt nicht, ob das, was du sagst, deine eigene Meinung ist oder ob du von der Meinung anderer redest. Mich interessiert vor allem, was du denkst.«

(6) Wenn du eine Frage stellst, dann sage möglichst dazu, warum du fragst und was deine Frage für dich bedeutet.

In einem Familienkreis geht es um Kindererziehung. Herr Morat sagt die ganze Zeit nichts, obwohl die anderen engagiert reden.

Frau Keller wird dadurch unsicher. Sie will gern wissen, was Herr Morat denkt.

Erste Möglichkeit:

Sie sagt: »Was denken denn Sie zu unserem Thema?«

Zweite Möglichkeit (im Sinn dieser Regel):
Sie sagt: »Was denken Sie denn zu unserem Thema? Ich frage Sie das, weil Sie jetzt die ganze Zeit noch nichts dazu gesagt haben und ich mich schon dauernd mit der Vermutung herumschlage, Sie sehen das Problem ganz anders als wir.«

Fragen allein wirken häufig (sind häufig) wie Angriffe. Sie fordern einen Teilnehmer heraus, sich zu exponieren, ohne daß er weiß, worum es dem Fragenden geht, was dessen eigenes Interesse an der Frage ist. Durch die Angabe der Gründe einer Frage, des persönlichen Anteils daran, werden Fragen klarer und persönlicher. Der Austausch wird partnerschaftlicher, weil beide Beteiligten etwas von sich aufdecken. Der Aufbau von Phantasien und Hintergedanken wird vermieden. Kommunikation wird offener.

(7) Versuche echt und ehrlich, in Übereinstimmung mit dir, zu handeln und zu sprechen. Aber wähle auch aus zwischen dem, was du für dich behalten, und dem, was du mitteilen möchtest. Sei authentisch (d. h. echt) *und* selektiv (d. h. auswählend).

Eine Begegnung zwischen Menschen wird echt, wenn ich mich selbst einbringe, etwas von mir mitteile und sage, was ich von einer Sache denke. Dennoch muß ich auswählen, denn ich muß auch die Verständnisfähigkeit und Vertrauensbereitschaft des anderen beachten. Das bedeutet, daß ich in jedem Augenblick entscheiden muß, was ich mitteilen kann und möchte. *Aber:* Was ich mitteile, soll echt sein!

(8) Es sollte nur einer sprechen – wenn mehrere gleichzeitig reden, geht vieles unter. Jeder kann nur einem zuhören. Wenn mehrere Personen gleichzeitig sprechen, ist es sinnvoll anzuhalten und eine Lösung für diese Situation zu suchen.

Wenn Seitengespräche auftauchen, sind sie Signal für etwas, z. B. dafür, daß ein interessanter Punkt angesprochen wurde oder daß die Teilnehmer sich langweilen, usw. Deshalb sind Seitengespräche wichtig und verdienen Aufmerksamkeit.

Aber Seitengespräche stören auch, weil sie ablenken und die Konzentration abziehen.

Deshalb:

* Seitengespräche verdienen Beachtung;

  und:

* Vermeide nach Möglichkeit Seitengespräche.

Das heißt für eine Gruppe:

Wenn in einer bestimmten Situation Seitengespräche entstehen, ist es sinnvoll, nach ihren Gründen zu fragen oder wenigstens die Wahrnehmung der Seitengespräche zu nennen.

Je nach Grund für das Seitengespräch wird die Lösung unterschiedlich aussehen:

* eine kurze »Murmelphase«, damit alle ihre Gedanken zu dem interessierenden Punkt austauschen können;
* Pause, weil die Aufmerksamkeit erlahmt ist;
* Methodenwechsel;
* Vertiefung eines angesprochenen Punktes; usw.

Wenn ich bei mir selbst das Bedürfnis nach Seitengesprächen entdecke, ist es sinnvoll, daß ich mir den Grund dafür klarmache und ihn eventuell offen anmelde.

(9) Gefühle sind wichtig und gehören zum Menschen. Sie sollten deshalb nicht immer zurückgehalten oder unterdrückt werden. Das betrifft sowohl angenehme Gefühle, wie Freude, Zuneigung, Stolz usw., wie auch oft negativ bewertete Gefühle, wie Angst, Trauer, Ärger, Neid usw. Beide Arten von Gefühlen zeigen mir, daß ich lebe und empfinden kann.

Das offene Sprechen über Gefühle fördert ein vertrauensvolles Klima.

(10) Wenn du eine Störung in dir oder in der Gruppe erlebst, mit der du nicht selbst fertigwerden kannst oder von der du denkst, sie hindere die Gruppe an einer wachstumsorientierten Arbeit, dann sprich sie offen an.

Störungen verhindern die freie konzentrierte Teilnahme und entziehen dich und andere dem Gruppengeschehen. Dadurch geht etwas verloren.

Diese Hilfs-regeln sind die Umsetzung der Grundsätze und Postulate in konkretes Verhalten. Sie greifen alle ineinander. Jede Gruppe kann andere oder zusätzliche Regeln überlegen, die sie für ihre Kommunikation im Sinn der Axiome und Postulate für wichtig erachtet.

Die Hilfs-regeln möchten Menschen auf ihrer Suche nach sinnvollem und menschlichem Zusammenleben unterstützen. Sie sind auf keinen Fall als Vorschriften, Reglementierungen oder Kontrollinstrumente für Verhalten zu verstehen. Ein solcher Gebrauch würde ihrem Sinn zuwiderlaufen.

8. Die TZI in der Gruppe – Zusammenfassende Gedanken –

* Die TZI hat das Anliegen, Menschen dazu zu befähigen, sich ihrer selbst und ihrer umgebenden Bedingungen immer mehr bewußt zu werden, Selbstachtung zu entwickeln und sich anderen Menschen in gleicher Weise zuwenden zu können.

  Alle Hilfsregeln sprechen davon und zielen darauf hin. Der Mensch wird verstanden als jemand, der die Anlage in sich hat, zeitlebens zu wachsen und sich zu entwickeln in Richtung Freiheit und Autonomie und Respektierung alles Lebendigen.

* Diese Auffassung und die sich daraus ergebende Konsequenz für Verhaltensweisen wird in einer Gruppe nicht allein durch Worte vermittelt oder gelernt.

  Beispiel:

  Wenn ich jemandem nur sage, daß es ihm und anderen bessergehen wird, wenn er mehr »Ich« sagt statt »Man«, dann wird er das so nicht begreifen.

  Er muß auch erfahren, daß diese Aussage stimmt. Er muß spüren, daß sein Ich, d. h. seine Person, ernstgenommen wird, wenn er sich äußert (sich äußern = sich nach außen bringen), und er muß erleben, daß sich seine Einstellung zu sich selbst positiv verändert, wenn er mehr zu sich steht.

* Die Anliegen der TZI können also nicht in erster Linie durch »Lehren« oder »Anweisen« weitergegeben werden. Sie müssen erfahren werden. Das geschieht, indem sie von Menschen gelebt und in Verhalten umgesetzt werden, so daß die wachstumsfördernde Wirkung spürbar wird.

Ein Leiter vermittelt die Haltungen und Verhaltensweisen der TZI, wenn er versucht,
- sich selbst verantwortlich zu leiten;
- jeden Augenblick als Angebot für seine Entscheidung zu nehmen;
- »Ich« zu sagen statt »Wir« und »Man«;
- nicht zu werten und zu interpretieren, usw.

Das wird eine überzeugende Wirkung auf die Gruppenmitglieder haben, und er wird das Gruppenklima verändern.
Man nennt dies »Lernen am Modell«.

* Dieses Lernen am Modell kann unterstützt werden, indem der Leiter sein Verhalten und dessen Hintergrund erklärt, Zusammenhänge aufzeigt, von seinen gewonnenen Überzeugungen spricht und die Gruppe dazu anregt, ähnliche Verhaltensweisen einzuüben.

Beispiele:
Ein Leiter kann in bestimmten Situationen darauf aufmerksam machen,
* daß er bei einer Frage gerne den Hintergrund wüßte, und erklären, warum er dann lieber Antwort auf diese Frage gibt;
* daß er nicht weiß, ob ein Teilnehmer hier etwas über sich selbst sagt oder ob er über andere spricht und warum ihm als Leiter dieses Wissen wichtig ist.
* Er kann einfühlsam nach Gefühlen fragen und dadurch ein Zeichen dafür geben, daß Gefühle wichtig sind und in das Gruppenleben gehören.
* Er kann ermutigen, daß jeder die Verantwortung für sich übernimmt, und er kann einen Raum dafür bieten, in dem unterschiedliche Meinungen nebeneinander stehen dürfen, usw.

Je nachdem kann er in diesen Situationen auch die Grundsätze und Gedanken der TZI vorstellen, vor allem in Erwachsenengruppen. Denn die Gegenüberstellung mit einem »System« von Gedanken (einem Gedankengebäude) hilft den Teilnehmern, Ordnung in die eigene innere Welt zu bekommen und zu klären, was ihnen selbst wichtig ist und woran sie sich orientieren möchten.

* Schließlich können die Hilfsregeln, wenn sie zum Gedankengut einer Gruppe werden, eine Leitplanke sein, an der entlang neue Verhaltensweisen eingeübt werden können. Sie helfen dann auch, nicht gleich den Mut zu verlieren, wenn es einmal Mißerfolge gibt. Sie signalisieren, daß es um einen Lernprozeß geht, der Zeit braucht.

Alles dies bedeutet: Nicht dadurch, daß ich die TZI kenne oder die »Regeln« auswendig weiß oder indem ich ständig auf sie verweise, geschieht lebendige Begegnung zwischen Menschen oder wird ihre Zusammenarbeit besser, sondern nur wenn ich auch versuche, nach diesen Gedanken zu leben.

Ich lerne, indem ich etwas übe und ausprobiere, weil ich dann damit Erfahrungen mache, die mir sagen, ob ich auf dem richtigen Weg bin.

Teil III
Führung und Leitung von Gruppen

Fragestellungen

- Was bedeutet Führung in der Gruppe; wie unterscheidet sie sich von der Gruppenleitung?
- Welche Einstellungen und Haltungen eines Gruppenleiters schaffen ein Klima, in dem den Mitgliedern Entwicklung und Entfaltung ihrer Person erleichtert wird?

Im ersten Teil ging es um Wahrnehmungen und Erkenntnisse: »Was geschieht in Gruppen?« d. h., was *ist*?

Im zweiten Teil ging es um Orientierung und Ausrichtung: »An welchem Menschenbild kann ich mich orientieren? In welcher Richtung möchte ich arbeiten?« d. h., was *soll* sein?

Die Faktoren »Ich« und »Wir« wurden beleuchtet und ihre Bedeutung im Geschehen der Gruppe bewußtgemacht. Es ging also um Erfahrungen in der Gruppe, um die Erlebnisse der einzelnen, um den Prozeß und die Interaktion: denn es ist nicht gleichgültig, *wie* miteinander umgegangen wird und welche Erfahrungen jeder dabei macht.

Im dritten Teil steht der Gruppenleiter im Mittelpunkt. Welche Haltungen und Einstellungen braucht er, wenn er sich für diese Richtung der Gruppenarbeit entschieden hat? Welche Grundeinstellungen fördern ein offenes und vertrauensvolles Klima in der Gruppe? Denn: Ob ein Gruppenleiter hilfreich wirkt oder blockierend, ist nicht in erster Linie eine Frage der Methoden oder Techniken, die er anwendet, sondern eine Frage seiner inneren Einstellung und Haltung gegenüber den Mitgliedern seiner Gruppe.

Vor diesen wichtigen Überlegungen werden die beiden Begriffe »Führung« und »Leitung« betrachtet, die in der gruppenpädagogischen Literatur voneinander unterschieden werden. Ich halte diese Unterscheidung für sinnvoll. Sie kann mir helfen besser zu verstehen, was zwischen Leiter und Gruppe geschieht. (Beispiel: Warum bin ich als Leiter in einer bestimmten Gruppe erfolgreich, in einer anderen nicht)

1. Führung als eine Funktion von Gruppe

Führung wird breiter verstanden als Gruppenleitung. Führung geschieht überall, wo einzelne Mitglieder in der Gruppe andere in einer von ihnen gewünschten oder angezielten Richtung beeinflussen, wo Teilnehmer Initiative übernehmen, Motor sind, Richtung angeben, dazu anregen oder aufrufen, etwas Bestimmtes zu tun oder zu unterlassen. In einer Gruppe, in der die Mitglieder keine Führung übernehmen, herrscht Bewegungslosigkeit und Stillstand.

So verstanden ist Führung eine notwendige Funktion der Gruppe im Sinn einer bewußten gegenseitigen Einflußnahme, die sich bezieht auf Programme, Gefühle, Verhalten, Denken und Wertvorstellungen.

Beispiele:

- Im Familienkreis schlägt Herr Meier vor, die diesjährige Wanderung auf den Feldberg zu machen, und er nennt viele Gründe, warum er das gerne so machen will.
- Im Team der Erzieher spielt Claudia eine wichtige Rolle. Sie hat glänzende Ideen und kann richtig mitreißend sein. Wenn es um die Gestaltung eines Festes geht, wird sie richtig wach und aktiv. Die anderen sind ganz froh darum.
- In der Kindergruppe wird zur Zeit viel gestritten. Das kommt vor allem durch Sigi, der jede Gelegenheit nützt, einen anderen herauszufordern und anzugreifen. Fast in jeder Gruppenstunde entsteht dadurch eine richtige Balgerei.
- Frau Kern in der Frauengruppe meint: »Eigentlich könnten wir den Neuen gegenüber etwas offener sein. Es muß ja schlimm sein, bei uns neu dazuzukommen.« Nachdem längere Zeit darüber gesprochen wurde, finden das schließlich auch andere.

Jedes Gruppenmitglied kann also Führung übernehmen. Um aber nicht jede zufällige Einflußnahme als Führung zu bezeichnen, wird *vor allem* die absichtsvolle und mehr oder weniger bewußte Beeinflussung so genannt. Das heißt: Wer führen will, braucht (hat) ein Ziel und setzt sein Verhalten auf dieses Ziel hin ein.

Führung ist also eine in der Gruppe selbst liegende Bedingung und Aufgabe. Sie ist unverzichtbar, wenn sich die Gruppe weiterentwickeln soll. Führung meint den gezielten Einsatz von Kräften und Fähigkeiten der Mitglieder.

Über eine zeitliche Dimension ist hier zunächst nichts ausgesagt. Die Einflußnahme kann momentan und kurzfristig und nur bezogen auf eine Sache sein oder über einen langen Zeitraum hinweg ausgeübt werden.

Nun sind aber offensichtlich nicht alle Mitglieder in einer Gruppe gleich erfolgreich, was die Übernahme von Führung angeht: Manche Teilnehmer werden abgelehnt, auf andere läßt man sich gerne ein. Wessen Führung angenommen wird, hängt nicht nur – wie oft angenommen – von der Persönlichkeit oder den Eigenschaften dessen ab, der führen will, sondern auch von vielen anderen Faktoren:

– *Situative Faktoren:* Entsprechen die eingesetzten Fähigkeiten der augenblicklichen Situation?

  * Es ist gerade eine etwas angespannte Situation. Franz macht eine witzige Bemerkung. Alle lachen befreit, und das Gespräch geht entspannter weiter.
  * Die Gruppe ringt gerade um eine Einigung. Alle sind engagiert und intensiv beteiligt. Franz macht eine witzige Bemerkung. Viele fühlen sich gestört.

– *Das Ziel oder die Aufgabe der Gruppe:* Paßt die Einflußnahme eines Mitglieds zum ausgesprochenen oder unausgesprochenen Ziel und der Aufgabe der Gruppe? Hilft sie weiter?

  * Im Festausschuß sind ideenreiche Mitglieder sehr gefragt, auch organisatorische Talente werden gerne angenommen.

* In der Kindergruppe ist Ernst gerade sehr führend: Er ist ein glänzender Fußballspieler und verhilft der Gruppe zum Sieg, wenn gegen eine andere Gruppe gespielt wird.

– *Die Vorerfahrungen der Mitglieder:* Welche Art der Führung oder Leitung haben sie bisher erlebt?

* Bernd ist erst seit kurzem in der Gruppe. Er kommt aus einer Gruppe, wo alle alles mitverantwortet haben. Das möchte er auch in der neuen Gruppe gerne so. Die andern Mitglieder finden ihn blöd und angeberisch. Sie finden, daß der Gruppenleiter am besten weiß, was gemacht werden kann.

– *Die Persönlichkeit und die Eigenschaften derer, denen Führung* in einer bestimmten Sache *angeboten wird:* Brauchen sie das gerade aus irgendeinem Grund, was der »Führer« anbietet?

* Im Pfarrgemeinderat sind einige Mitglieder neu gewählt worden, die noch nie in einer Gruppe oder einem größeren Kreis mitgearbeitet haben. Sie sind sehr zurückhaltend und überlassen vor allem Herrn Kast und Frau Ludwig das Reden und die Entscheidungen.

– *Die Persönlichkeit und die Eigenart dessen, der Führung anbietet:* Entspricht sie den Vorstellungen, Erwartungen, Sympathien der anderen? Kann sie »Führung« so anbieten, daß die Mitglieder sich gut dabei fühlen?

* Wenn Gerda zum Singen auffordert, machen alle gern mit. Gerda ist lustig, man spürt, daß sie selbst Spaß am Singen hat.
* Wenn Else zum Singen auffordert, ist niemand so recht dabei. Alle spüren irgendwie, daß Else das tut, um sich in ein gutes Licht zu rücken. Viele fühlen sich dabei »behandelt« und in ein Programm gepreßt.

Es gibt also keine eindeutigen Aussagen darüber, wer in einer Gruppe Einfluß gewinnen oder auch halten kann. Denn Bedürfnisse und Ziele ändern sich. Wessen Führung anerkannt war, als die Gruppe sich z. B. gegen eine andere wehren und darstellen mußte, kann plötzlich erleben, daß ihm nachgesagt wird, er dränge sich überall vor. Inzwischen haben die Gruppenmitglieder vielleicht Angst bekommen vor der

Beliebtheit dieses Teilnehmers, oder sie befürchten den Verlust der eigenen Position.

Führung ist ein dynamischer Prozeß. Es ist interessant und wichtig, ihn zu beobachten. Ein Gruppenleiter kann vieles daran ablesen. Wenn er z. B. sieht, wer in einer Gruppe führend ist und Einfluß hat, kann er vermuten, welche Bedürfnisse vielleicht unausgesprochen in der Gruppe vorhanden sind oder welche geheimen Ziele, Anliegen, Ängste und Vermeidungen. Das wird ihm helfen, sein eigenes Verhalten zu überdenken. Besonders wichtig ist diese Reflexion, wenn der »gruppeneigene Führer« Werte, Ziele oder Meinungen vertritt, die im Widerspruch stehen zu denen des Leiters. Denn dieser müßte sich dann überlegen, ob und wie er seine Interessen vertreten kann, ohne zu sehr in einen »Machtkampf« verwickelt zu werden.

Beispiel:
Frau Herms ist knapp zur Vorsitzenden des Pfarrgemeinderates gewählt worden. Ihr Anliegen ist es vor allem, das Gesprächsklima in dieser Arbeitsgruppe zu verbessern; bisher waren immer nur bestimmte Personen zum Zug gekommen.

Frau Herms weiß, daß sie bei ihrem Ziel vor allem mit Herrn Keck rechnen muß, der am liebsten alle Tagesordnungspunkte mit Rede, Gegenrede und Abstimmung erledigen möchte. Herr Keck hat viele Anhänger, einerseits weil er gewandt redet und dadurch anderen imponiert, andererseits weil manche Mitglieder möglichst schnell nach Hause wollen.

Frau Herms muß sich überlegen, wie sie mit ihrem Anliegen vorgeht, um ihm überhaupt eine Verwirklichungschance zu geben.

Je mehr Mitglieder in einer Gruppe abwechselnd und in unterschiedlichen Bereichen Führung übernehmen können, desto fähiger und stärker ist eine Gruppe.

Es ist einsichtig, daß der Prozeß des Führungnehmens oder -überlassens nicht ohne Rivalisieren vor sich gehen kann. Oft geschieht das versteckt hinter sachlicher Auseinandersetzung, meist ohne daß der Vorgang den Betreffenden bewußt ist (vgl. Inhalts- und Beziehungsebene, S. 76; und zweite Phase der Gruppenentwicklung, S. 32). Je offener der Prozeß der

Führungswünsche und des Führungswechsels gestaltet werden kann, desto mehr wird jedes Mitglied lernen, sich den eigenen Fähigkeiten entsprechend einzubringen und sie auch weiterzuentwickeln, Bedürfnisse anzumelden, und Raum zu nehmen, aber auch abgeben und überlassen zu können. Damit wächst Autonomie im Bewußtsein der Interdependenz, Grenzen weiten sich.

Fragen zur Reflexion von »Führung« in der Gruppe:
- Wer ist hier in welcher Weise wichtig? Wie fühlt sich der einzelne?
- Welche Fähigkeiten habe ich oder möchte ich ausprobieren?
- Welche Art der Unterstützung brauche ich von den anderen?
- Wer nimmt, wer gibt – was?
- Wer möchte etwas ändern?
- Was hemmt oder hindert mich, etwas zu geben, was ich habe?
- Was sind für mich »Störungen«? usw.

(Vgl. Rollen in der Gruppe S. 55.)

2. *Leitung von Gruppen*

Während mit »Führung« in der Gruppe also ein bestimmtes Verhalten, eine Rolle beschrieben wird, die grundsätzlich von jedem Mitglied übernommen werden kann, bezeichnet »Gruppenleitung« die Aufgabe einer bestimmten Person, die des Gruppenleiters.

Ein Leiter kann gewählt, benannt, beauftragt oder im Zusammenhang mit einer anderen Funktion vorgegeben sein; bei manchen Gruppen haben die Mitglieder Einfluß darauf, ob sie ihren Leiter wollen, bestätigen oder auch ablehnen; in anderen Gruppen gibt es keine Mitsprache in diesen Fragen.

Wie Leitung zustande kam und definiert ist, kann in die Beziehung zwischen Mitgliedern und Leiter hineinspielen und die Kommunikation und Art und Weise der Zusammenarbeit beeinflussen. Ein Leiter sollte sich die Frage stellen, wie das Zustandekommen seiner Rolle und die Bedingungen ihres jetzigen Bestehens in die gemeinsame Arbeit hineinwirken und welche Konflikte oder Schwierigkeiten in der Gruppe eventuell darauf zurückzuführen sind.

Genauso bedeutsam ist die Frage, welches Verständnis von Leitung in einer bestimmten Situation bei den verschiedenen Beteiligten vorliegt.

»Leitung« ist keine klar abgegrenzte Tätigkeit, die für alle Situationen und Gruppen gültig ist. Sie wird jeweils definiert durch eine Vorgabe an die Gruppe (z. B. Arbeitsauftrag oder Gründungsverständnis) oder durch die Erwartungen der Beteiligten selbst und hängt zusammen mit dem Ziel und Selbstverständnis der Gruppe.

Beispiele:

- Die Leitungsrolle des Pfarrgemeinderatsvorsitzenden besteht laut Satzung in der Vorbereitung und Durchführung der Sitzungen und bezieht sich vor allem auf die Unterstützung der Gruppe bei ihrer *Aufgabenerledigung*. Das persönliche Wachsen der Teilnehmer oder die Prozeßorientierung ist dabei weniger im Blick. Das bedeutet nicht, daß dies für bestimmte Leiter oder Teilnehmer nicht als genauso wichtig angesehen werden kann.
- Ein Leiter eines Familienkreises ist im Blick einiger Teilnehmer vielleicht eher ein Koordinator; er selbst versteht sich als thematischer Leiter der Gruppe.
- Der Leiter eines Aktionskreises ist im Verständnis der Teilnehmer vielleicht der Ansprechpartner für Außenkontakte.
- Ein Jugendgruppenleiter fühlt sich verantwortlich für die emotionale Atmosphäre, das persönliche Wachstum und die Sachanliegen der Gruppe (Ich-Wir-Sache), usw. Die Gruppe will ihn als Allround-Unterhalter.
- Der Referent eines Kurses für Erzieher/innen versteht sich als Informator über pädagogisches Wissen. Einige Teilnehmer erwarten von ihm Hilfe bei der Klärung anstehender konkreter Praxisfragen. Andere erwarten von ihm die Durchführung von Spielprogrammen.

Aus diesen Beispielen wird deutlich, daß in einer Gruppe gleichzeitig ganz unterschiedliche Vorstellungen oder Erwartungen vorhanden sein können, was und wie der Leiter sein soll. Nur ist das häufig nicht bewußt, weil nicht offen darüber gesprochen wird oder weil jeder annimmt, der andere denke das gleiche wie er selbst. Das ergibt eine ständige Quelle für Konflikte, deren Ursprung oft nicht erkannt wird: Immer wieder verhält sich jemand entgegengesetzt zu den ungeäußerten oder auch unbewußten Erwartungen anderer und ruft dadurch Unsicherheit oder Spannung hervor. Diese kann nicht abgebaut werden, wenn über die unterschiedlichen Vorstellungen nicht gesprochen wird.

Beispiel:
In einem Arbeitskreis »Frieden« wird ein Gruppenleiter für ein Jahr gewählt. Über seine Aufgabe wird im einzelnen nicht gesprochen. Einige Mitglieder erwarten von ihm organisatorische Hilfen. Er soll Einladungen und Protokolle schreiben. Der Leiter versteht sich vor allem als Prozeßbegleiter. Er möchte der Gruppe helfen, das Thema »Frieden« in ihrem Umgangsstil zu realisieren. Andere Mitglieder erwarten eine thematische Leitung: Der Gruppenleiter soll Themen vorschlagen und ist für die Art und Weise ihrer Bearbeitung zuständig, usw.

Bei jedem Treffen gibt es Enttäuschungen: Der Leiter tut für einige zu viel, für andere zu wenig; die Arbeit geht nicht weiter, alle sind unzufrieden.

Es ist also wichtig, daß Leiter und Gruppe sich klar darüber werden, was Gruppenleitung, bezogen auf diese Gruppe, Aufgabe und Situation, für jeden Beteiligten heißt. Dann werden unterschiedliche Erwartungen deutlich und können ausgehandelt werden. Ein gemeinsames Verständnis von Leitung kann erarbeitet werden, und es wird bewußt, in welchen Punkten keine Einigung möglich ist. Jeder kann sich entscheiden, ob er unter diesen Bedingungen mitarbeiten möchte und welchen Teil er selbst übernimmt. Der Gruppenleiter weiß, in welchen Punkten er mit den Teilnehmern übereinstimmt und wo unterschiedliche Vorstellungen eventuell nicht ausgeräumt werden konnten. Er kann klarer entscheiden, ob und wie er unter diesen Bedingungen Leiter sein will.

Die Klärung der Leiterrolle kann kein einmaliger Vorgang sein. Mit der Entwicklung der Gruppe und mit unterschiedlichen Situationen oder Aufgaben wird sich auch das Verständnis von Leitung verändern und muß neu besprochen werden.

Unabhängig von dieser Klärung ist es aber Aufgabe der Leitung (im Sinne einer Gruppenarbeit, wie sie in Teil II beschrieben ist), den Teilnehmern die Verantwortung für sich selbst, für die Gruppe und für die gemeinsame Aufgabe immer mehr zu überlassen bzw. zu übergeben, damit sie lernen, sich selbst zu leiten. Es ist also ein Ziel des Leiters, sich entbehrlich zu machen. Er kann in dem Maß Leitungsverantwortung abgeben und teilen, wie die Mitglieder fähig werden, sie zu übernehmen.

Das erfordert Umdenken darin, was »erfolgreiche Leitung« ist: Nicht *das* ist ein Zeichen guter Gruppenleitung, daß der Leiter ständig gebraucht wird und unentbehrlich bleibt, sondern wenn die Teilnehmer fähig werden, mit ihm zusammen Führung und Verantwortung zu übernehmen für ihr persönliches Wachstum, für offene und echte Beziehungen untereinander und für die gemeinsame Aufgabe.

Es ist eine hohe emotionale Anforderung an den Leiter, auf sein »Überflüssigsein« hinzuarbeiten. Er wird dies nur können, wenn er die Begründung für diese Forderung teilt und wenn er nicht vorrangig vom »Gebrauchtwerden« durch die Gruppe lebt.

3. Die Person des Gruppenleiters

– Grundeinstellungen, Haltungen, Verhalten –

»Gruppenleiterverhalten« ist nicht zu trennen von der Person des Leiters, von seiner »privaten« Einstellung zu Menschen. Der »Leitungsstil« – also das Gesamte der Verhaltensweisen eines Leiters zu einer Gruppe – wird geprägt von seiner inneren Haltung Personen und Dingen gegenüber: ich kann nicht einen bestimmten Leitungsstil »praktizieren«, weil ich von seinen positiven Wirkungen auf Teilnehmer gehört habe, ohne daß meine wirklichen Einstellungen in meinem Verhalten durchkämen.

Will ich also eine Gruppe im bisher beschriebenen Sinn leiten, kann ich mich nicht damit begnügen, mir bestimmte Verhaltensweisen anzutrainieren. Ich muß mich auch fragen, ob meine Grundeinstellungen so sind, daß Menschen im Zusammenleben mit mir Raum für ihr Wachstum und ihre Entfaltung haben.

Aus diesem Grund möchte ich hier der Frage der Einstellungen und Haltungen eines Gruppenleiters großen Raum geben und Fragen der Methoden und der Planung erst danach angehen.

Autonomie unter Berücksichtigung der Interdependenz, Wachstum und Ausweitung von Grenzen sind die grundlegenden Ziele, auf die hin orientiert Gruppenarbeit hier beschrieben wurde.

Wenn ich nun überlege, welche Haltungen und Einstellungen eines Gruppenleiters die Gruppenmitglieder bei der Erreichung dieser Ziele unterstützen, dann frage ich mich am besten wieder selbst, wie meine eigenen Erfahrungen sind, was mir selbst dabei hilft, sie zu erreichen.

Das kann ich sehr genau sagen (vgl. Teil I):
Ich kann mich entfalten und wachsen,

- wenn mich die Menschen meiner Umgebung ernst nehmen, wenn sie mir etwas zutrauen, wenn sie mich so akzeptieren, wie ich bin (das heißt nicht, daß sie mich nicht kritisieren dürften);
- wenn sie versuchen, mich zu verstehen, meine Anliegen, Gefühle und Gedanken, und wenn sie mir diese nicht wegreden wollen, weil sie selbst anders denken und fühlen;
- wenn meine Partner sich mir offen und transparent darstellen; wenn ich spüre, daß sie das auch wirklich

meinen, was sie sagen und wenn ihr Verhalten mit ihrem Denken übereinstimmt.

Ernstgenommen werden, verstanden werden und der Ehrlichkeit (Stimmigkeit) des anderen vertrauen können, schaffen das Klima, in dem Menschen wachsen und sich entfalten können.

Diese Tatsache wurde in den letzten Jahren vor allem von *Carl Rogers* betont. Er fordert deshalb vom Gruppenleiter die Einübung der entsprechenden Grundhaltungen und Fähigkeiten.

Diese Haltungen heißen:
- Unbedingte Wertschätzung (Akzeptanz),
- Einfühlendes Verstehen (Empathie),
- Echtheit (Kongruenz).

Sie sind die Antworten auf die Grundbedürfnisse nach Akzeptiertwerden, Anerkennung und Sicherheit.

3.1. Unbedingte Wertschätzung (Akzeptanz)

Die »Unbedingte Wertschätzung« ist besser zu verstehen, wenn man sich erst das Gegenteil davon bewußtmacht: die »Bedingte Wertschätzung«. Das ist die Wertschätzung, die an bestimmte Bedingungen geknüpft wird:

- *Wenn du* lieb bist, *dann* mag ich dich.
- *wenn du* jetzt dein Zimmer aufräumst, *dann* habe ich dich lieb.
- *Wenn du* dich in der Gruppenstunde mehr beteiligst, *dann* akzeptiere ich dich.
- *Wenn du* spontan, lebensfroh und attraktiv bist, *dann* liebe ich dich.

Diese Art der Wertschätzung kennen wir alle wahrscheinlich sehr gut, weil wir sie so bekommen und weil wir sie auch so geben.

An Bedingungen geknüpfte Wertschätzung *sagt aus:*
Ich weiß, was für dich gut ist. Ich weiß, wie du sein sollst. Du sollst mir mehr vertrauen als dir selbst; ich sage dir, wohin du deine Kräfte richten sollst. Meine Richtschnur ist besser als deine. Mein Urteil gilt für dich. Du bist recht, wenn du es mir recht machst.

An Bedingungen geknüpfte Wertschätzung *bewirkt,* daß ein Mensch *nicht aus sich heraus* leben lernt:

Weil ich geliebt werden möchte, verhalte ich mich so, wie du es willst. Ich lerne deshalb meine eigenen Kräfte nicht kennen. Ich lerne nicht, mir selbst zu vertrauen. Ich entwickle keine Richtschnur in mir und kann meinen eigenen Werten und meinem Urteil nicht trauen. Ich kann mich selbst nicht bewerten, weil ich ja gelernt habe, auf andere zu schauen und zu hören, wie sie mich bewerten.

Ich werde nicht autonom.

Und ich fühle mich letztlich nie sicher, weil diese Art der Wertschätzung immer entzogen werden kann.

Unbedingte Wertschätzung heißt: Du bist gut so, wie du bist. Du mußt nicht so sein, wie ich dich gern haben will. Du machst, denkst und fühlst manches anders, als es mir gefällt oder wie ich es tun würde. Das sage ich dir auch, aber du mußt dich deshalb nicht nach mir richten. Ich vertraue dir, daß du das findest und tust, was du für richtig hältst. Ich akzeptiere dich, auch wenn du andere Lösungen findest als ich. Ich habe Wünsche an dich, aber ich mache unsere Beziehung nicht davon abhängig, ob du sie erfüllst. Ich lasse dich frei. Es ist mir nicht egal, was du tust; aber ich respektiere, daß du ein eigenständiger, entscheidungsfähiger Mensch bist mit eigenen Gefühlen und Erfahrungen.

Unbedingte Wertschätzung bewirkt: Ich lerne, auf mich zu vertrauen, mich selbstverantwortlich zu leiten. Ich kann die ständige Angst aufgeben, was geschieht, wenn ich es nicht allen recht mache. Ich werde frei und *selbst*-bewußt, weil ich ermutigend und zutrauend angeschaut werde. Meine eigenen Kräfte werden wach. Ich lerne, meiner Erfahrung zu trauen und sie wichtig zu nehmen als immer neue Quelle für Entscheidung und Verantwortung.

Wenn ich unbedingte Wertschätzung erfahre, geschieht etwas Paradoxes: Ich werde einerseits mehr Ich, frei und autonom, *und* ich werde andererseits fähiger, anderen ihr Ich-Sein mehr zuzutrauen, andere in ihrem Ich-Sein mehr zu achten: Weil ich mir vertraue, kann ich dir vertrauen. Weil ich mir meiner sicherer bin, kann ich dich deiner Verantwortung überlassen, ohne zuviel Angst, was dabei schiefgehen könnte. Wie ich mich verstehe und akzeptiere, so kann ich auch dich als getrennt von mir (anders als ich) verstehen und akzeptieren. Ich kann dir etwas gönnen, weil auch ich viel bekomme.

Unbedingte Wertschätzung ist viel mehr als Sympathie. Sie ist nicht ein Gefühl, sondern eine Grundhaltung: Mein ganzes Ich ist beteiligt, Gefühl, Verstand, Willen. Diese Grundhaltung resultiert aus der Einstellung: Jeder Mensch ist wert-voll. Sie führt nicht zum Egoismus, sondern zur Autonomie unter Berücksichtigung und Achtung der anderen Menschen.

Ich denke, ich kann diese unbedingte Wertschätzung anderen gegenüber nur dann einüben, wenn ich auch versuche, sie mir selbst gegenüber zu lernen.

3.2. Einfühlendes Verstehen (Empathie)

Die Einstellung des »Einfühlenden Verstehens« hängt mit der der »Unbedingten Wertschätzung« zusammen: Wenn ich den anderen wertschätze, dann interessiere ich mich für seine inneren Vorgänge, für seine Erlebniswelt, für sein Leben. Ich weiß, daß seine Welt anders ist als meine, und ich bin motiviert und gespannt, etwas von ihr zu erfahren und zu lernen.

Einfühlendes Verstehen ist nicht nur ein Vorgang meines Verstandes, sondern meiner ganzen Person mit allen ihren Gefühlskräften: Ich »versetze mich in dich hinein«, um zu erfahren (zu spüren und zu erkennen), was du denkst und wie es dir geht. Es ist, als ob ich versuchte, aus den Augen des anderen zu sehen, mit seinen Ohren zu hören, mit seinen Gefühlen zu fühlen, mit seinen Gedanken zu denken – weil ich nur so »beim anderen« bin und nicht meine Welt für die seine halte. Ich bin kurzzeitig so, »als ob« ich der andere wäre. Ein indianisches Sprichwort drückt diesen Vorgang so aus: »Wenn du mich verstehen willst, dann mußt du einen Tag lang in meinen Mokassins gehen.«

Beispiel:
Bernd erzählt dem Gruppenleiter von der Französischstunde am Vormittag: »Und auf einmal hat mich der Lehrer aufgerufen und mir fiel plötzlich nichts mehr ein. Ich hab's gewußt, aber es war einfach weg.«

Der Gruppenleiter versucht, sich in Bernd hineinzuversetzen: »Das muß schlimm für dich gewesen sein; so dazustehen, als ob du nichts weißt.« usw.

Was geschieht, wenn jemand *mich »einfühlend versteht«?* Ich erlebe, daß er mich ganz ernst nimmt, weil er meine Gedanken und Gefühle aufnimmt und sie mir nicht wegredet oder sie bagatellisiert. Weil er sich bemüht, etwas zunächst so zu sehen oder zu fühlen, wie ich es erlebe, kann ich selbst zu diesen Gedanken und Gefühlen besser stehen. Ich erlebe sie als »berechtigt« (richtig) und brauche mich nicht zu schämen oder sie zu verbergen. Weil ich sie dann eher zulassen und akzeptieren kann, werden sie mir auch selbst klarer. Ich bekomme Mut, meine eigene Welt ernst zu nehmen, zu ihr zu stehen und selbst zu entscheiden, wie ich mit ihr umgehen will. Einfühlendes Verstehen vermittelt so etwas wie eine Erlaubnis: »Du darfst so fühlen, das ist in Ordnung. Es ist nicht schlecht.« Und wieder geschieht dabei etwas Paradoxes: Einfühlendes Verstehen hilft mir, meine Gefühle, Wünsche und Gedanken zuzulassen und ernst zu nehmen, *und* gerade deshalb auch, sie eventuell zu verändern oder aufzugeben. Wenn etwas sein darf, kann ich es auch leichter loslassen, wenn ich das für richtiger ansehe. Wenn ich mir ein Denken oder Fühlen verbiete, wird es um so aufdringlicher immer wieder auf mich zukommen.

Diese Weisheit drückt auch das Märchen vom Krokodil aus, das mir einmal jemand erzählt hat:

Ein Junge ist beim Spielen in seinem Zimmer. Plötzlich kommt er zur Mutter gelaufen: »Mutter, auf meinem Tisch sitzt ein Krokodil!« Die Mutter sagt: »Das kann nicht stimmen, geh wieder spielen.«

Bald kommt der Junge wieder gelaufen: »Mutter, das Krokodil wird immer größer, es ist schon so groß wie der Tisch.« Die Mutter sagt: »Das ist unmöglich, bei uns gibt es keine Krokodile.«

»Und jetzt ist es schon so groß wie das Zimmer«, ruft der Junge. Die Mutter sagt: »Laß mich in Frieden, das gibt es einfach nicht.«

Und das Krokodil wächst und wächst und trägt schließlich das Haus mit dem Jungen und der Mutter fort.

Als der Vater heimkommt, ist das Haus weg. Nachbarn sagen ihm, ein Krokodil habe es weggetragen. Da geht er es suchen. Plötzlich sieht er das Krokodil mit dem Haus auf dem Rücken, und oben aus dem Fenster winken aufgeregt der Junge und die Mutter.

Da geht der Vater zum Krokodil, streichelt es freundlich und sagt: »Was bist du für ein großes Krokodil.« Und da wird das Krokodil kleiner und kleiner, und auf einmal ist es weg, und das Haus steht wieder auf seinem alten Platz.

Das »Einfühlende Verstehen« eines anderen hilft mir, etwas anzunehmen, wie es ist, und es nicht mühsam zu verleugnen. Das setzt Kräfte frei, auch etwas zu verändern, wenn ich das möchte. Weil ich mich geachtet fühle, kann ich mich auch selbst achten und habe dadurch die Kraft, an dem zu arbeiten, was ich positiv will. Denn wenn ich mich abwerte, schlecht mache und bekämpfe, starre ich nur auf das, »was nicht sein darf«, und meine Energien sind gefangen.

Beispiel:
Angst wird nicht geringer, wenn ich sie leugne oder bekämpfe. Sie verringert sich eher, wenn ich sie mir erlaube, wenn ich sie »akzeptiere« und anschaue: sie darf sein.

Der Gruppenleiter, der die Teilnehmer »einfühlend zu verstehen« versucht, akzeptiert, daß deren Gedanken und Gefühle einen »Sinn haben« und deshalb berechtigt sind. Der Sinn besteht im Zusammenhang dieser Gedanken und

Gefühle mit den realen Erfahrungen dieser Teilnehmer und in den Schlußfolgerungen, die sie für sich aus ihnen gezogen haben. Die Einfühlung und Akzeptanz des Leiters hilft den Teilnehmern, ihre Gedanken und Gefühle selbst annehmen zu können, sich mit ihnen auseinanderzusetzen und Interesse an der Aufschlüsselung ihrer Zusammenhänge zu gewinnen. Sie werden dadurch fähiger, ihr eigenes Leben in die Hand zu nehmen und zu gestalten.

»Unbedingte Wertschätzung« kann ausgedrückt werden durch »Einfühlendes Verstehen«.

»Einfühlendes Verstehen« hilft mir, den anderen wertzuschätzen, weil ich ihn als einzigartigen Menschen sehen lerne.

Beide Haltungen gehören zusammen.

Die Haltung oder Grundeinstellung des Einfühlenden Verstehens wird leicht mißverstanden. Es bedeutet *nicht,* ich sollte immer alles richtig und in Ordnung finden, was einer sagt oder tut. Das ginge ja auch gar nicht und wäre unehrlich. Es würde Beziehungen verfälschen und zerstören.

An einem *Beispiel* möchte ich die Grundeinstellung noch einmal verdeutlichen:

Carola (8Jahre) teilt mir mit, sie werde ab jetzt nur noch zweimal in der Woche in die Schule gehen. Ich weiß eigentlich gleich, daß ich das nicht richtig finde und ihr auch nicht erlauben kann.

Ich kann mit der Situation ganz schnell fertig sein, wenn ich Carola sage: »Das geht nicht, du mußt jeden Tag in die Schule.«

So habe ich Carola *nicht* einfühlend verstanden.

Einfühlendes Verstehen heißt aber *auch nicht,* ich müßte sagen: »Gut, wenn du das so meinst.« Auch hier habe ich nichts von Carola verstanden.

Einfühlendes Verstehen bedeutet, mich auf die Aussage von Carola einzulassen. Sie muß ja einen Grund haben; ihre Aussage hat einen Sinn für sie. Was hat sie erlebt oder sich ausgedacht?

Je nachdem, was ich erlebe oder denke, was in ihr vorgeht, kann ich sagen:

»Du bist so niedergeschlagen. War es heute schwierig für dich in der Schule?«

Oder auch, wenn sie vielleicht eher aufgedreht wirkt: »Da hast du dir aber eine tolle Idee ausgedacht. Wie ist die denn?«

So kann ich mit Carola ins Gespräch kommen und signalisiere ihr durch mein Interesse, daß ich ihr Anliegen nicht einfach wegtue, daß mich ihr Problem oder ihr Gedanke interessiert, auch wenn ich ihre Lösung nicht annehmen kann. Vielleicht können wir schließlich auch zusammen eine andere Lösung suchen oder Carola tut dies allein.

3.3. Echtheit (Kongruenz)

Unbedingte Wertschätzung und Einfühlendes Verstehen sind Haltungen, die auf das Du ausgerichtet sind: »So will ich dich sehen und auf dich zugehen.«

Zu diesen beiden Haltungen gehört unverzichtbar die dritte: »Echtheit« oder Kongruenz.

Kongruent sein bedeutet: Mein Verhalten und meine Aussagen zeigen mich, wie ich bin. Es besteht Übereinstimmung zwischen meinen »Äußerungen« und meinem »Inneren«. Ich versuche, möglichst ohne Täuschung zu sein – ich bin echt.

Eben weil ich dich wertschätze, mache ich dir nichts vor. Ich erlaube dir, daß du mich spürst und wahrnimmst als der, der ich bin. Das bedeutet natürlich auch: Ich stelle mich dir, ich liefere mich aus. Ich bin angreifbarer und vielleicht auch verletzlicher. Aber ich möchte, daß du weißt, »wie du mit mir dran bist«, damit die Beziehung zwischen uns offen und real ist, nicht vorgetäuscht und unwirklich.

Was geschieht, wenn *jemand mir mit Echtheit begegnet?* Ich kann ihm eher vertrauen. Ich muß nicht dauernd suchen und vermuten, was hinter seinen Äußerungen steckt. Ich werde sicherer: Wenn ich ihn etwas frage, wird er mir z. B. eine Antwort geben, oder er wird mir sagen, daß er meine Frage nicht oder nur ein Stück beantworten will. Ich bekomme nicht nur »Vorzeigeseiten« mit. Ich erfahre auch etwas von Zweifeln, Schwierigkeiten oder Versagen, sowie von Freuden, Erfolgen und Stolz. Das strahlt vielleicht auf mich aus und macht es mir leichter, selbst echter zu sein.

Mit der Haltung der Echtheit hängt auch die Verhaltensregel »Rede per ich« oder »Wenn du eine Frage stellst, sage was sie dir bedeutet« zusammen. Es geht um die Transparenz in Beziehungen und um die bewußte Anerkennung, daß jeder Mensch einmalig ist und deshalb anders sein *muß* (darf) als ich.

Das Prinzip der Echtheit allein genügt jedoch nicht. Nur in Verbindung mit den beiden anderen Grundhaltungen der Wertschätzung und der Einfühlung entsteht das wachstumsfördernde Klima.

Das Prinzip der Echtheit, für sich genommen, könnte als Absolutheit des einzelnen, als Schonungslosigkeit und Rücksichtslosigkeit verstanden werden: Ich tue und sage immer das, was ich sehe und denke, ganz unabhängig davon, was das für meine Partner bedeutet. In Verbindung gebracht mit Wertschätzung und Einfühlung, bedeutet die Grundhaltung der Echtheit: *Was* ich tue und sage, soll übereinstimmen mit dem, was ich denke und fühle. Aber ich brauche *nicht alles* zu sagen, was in mir vorgeht. Ich wähle aus, was, wem und wann ich etwas sage, was ich tue oder unterlasse, in Verantwortung gegenüber mir *und* meinen Partnern.

Das heißt: Echtheit ist nicht nur nach außen gerichtet im Sinne von »Veröffentlichung« meiner Gedanken und Gefühle. Echtheit besteht auch darin, daß ich mir über mich selbst klar werde und spüre, was in mir vorgeht, und indem ich mich bemühe, die Zusammenhänge bei mir zu erkennen. Ich kann dann darüber sprechen, wenn ich es für mich und meine Partner als sinnvoll erachte, ich kann auch schweigen, wenn ich das im Augenblick für richtiger ansehe. (Vgl. TZI-Regeln: »Nimm jeden Augenblick als Angebot für deine Entscheidung« und »Sei echt *und* wähle aus«.)

Die drei Grundhaltungen gehören zwar untrennbar zusammen, sind aber gleichzeitig untereinander sehr spannungsreich.

Echtheit, Einfühlung und Wertschätzung: wo ergänzen sie sich, wo spricht eines gegen das andere?

Beispiel:

- Mich ärgert sehr, wie du hier das Programm bestimmst und meine Meinung gar nicht hörst. Ich befürchte aber, daß du verletzt bist, wenn ich es dir sage. Wenn ich es nicht sage, nehme ich dich aber auch nicht ernst . . .
- Ich möchte gerne ein bestimmtes Gruppenprogramm. Es ist mir sehr wichtig. Andere wollen es nicht. Gebe ich auf oder setze ich mich durch . . .
- Ich kann Karl nicht gut leiden. Ich rege mich immer neu auf über ihn. Sage ich etwas? Ich will ihn ja auch akzeptieren . . .

Die drei Grundhaltungen geben offensichtlich kein Rezept für ein bestimmtes Verhalten in einer Situation. Aber sie fordern Entscheidung in jeder Situation.

Indem ich diese Haltungen lebe, lerne ich immer mehr, daß ich in Begegnungen »Ich« sein kann und der andere »Du« (ein eigenständiges Ich). Wir sind unterschiedlich und können auch streiten – aber ich muß dich nicht abwerten, weil du anders bist und denkst, und ich muß auch mich nicht abwerten.

Beispiele:

Ihr wolltet spielen. *Ich* wollte singen. Weil ihr viel mehr seid, wurde heute beschlossen zu spielen. Ich bin beleidigt und finde euch blöd *(Abwertung des Du).*

Oder:

Ich denke: »Nie kann ich mich durchsetzen, ich bin überhaupt nichts wert« *(Abwertung des Ich).*

Ich bin verantwortlich für mich und lasse dir die Verantwortung für dich. Meine Verantwortung dir gegenüber sieht so aus, daß ich dir sage, was ich denke und fühle oder von dir gern will. Aber ich kann/muß es dir überlassen, was du tust. Wenn du anders entscheidest, als ich es gern will, bin ich vielleicht traurig oder wütend – aber du bist nicht »schuld« an meiner Wut oder Trauer. Es ist »meine« Wut und Trauer, und ich kann sehen, wie ich mit ihr umgehen will.

Nicht: »du machst mich wütend oder traurig . . .«
Sondern: »ich bin wütend oder . . .«

Denn ich könnte auch ganz anders reagieren, ein ganz anderes Gefühl haben. Ich selbst »wähle« dieses Gefühl – aus welchen Gründen auch immer. Und es ist auch nicht ›schlecht‹ oder ›schlimm‹, z. B. einmal traurig oder wütend auf jemanden zu sein. Ich kann/darf das – aber ohne den anderen mit diesem Gefühl unter Druck zu setzen.

Das ist schwer, weil wir wahrscheinlich den Umgang mit Gefühlen eher so erlebt haben: Du machst mir dieses Gefühl . . .

Wenn ich diese Überlegungen konsequent weiterdenke, brauche ich auch nicht dauernd enttäuscht oder verletzt zu sein, wenn jemand meinen Erwartungen nicht entspricht, denn ich weiß, daß der andere ein »anderer« ist und aus seinem Anderssein heraus so entscheidet. Das richtet sich nicht grundsätzlich gegen mich, wohl vielleicht gegen einen Wunsch und eine Vorstellung von mir, was mich natürlich gefühlsmäßig sehr belasten kann. Und dennoch sind diese Gefühle dann etwas anderes, auch wenn sie schwer sind. Es sind *meine* Gefühle, ich erkenne sie an als einen Teil von mir und bin für sie verantwortlich. Ich verschiebe sie nicht in den anderen hinein: »Du machst mir . . .« Ich lasse den anderen frei.

So können symbiotische Beziehungen (d. h. Beziehungen frühester Prägung, in denen ich meine Person noch nicht getrennt von der Person anderer erlebt habe [Mutter/Säugling]) aufgelöst werden. Sie werden ersetzt durch reife, entschiedene und echte Beziehungen, die sicher nicht immer harmonisch oder freundschaftlich sind, aber dafür getragen werden von einem gegenseitigen Akzeptieren in einem echteren Sinn.

Wenn ein Gruppenleiter sich bemüht, diese Grundhaltungen in sein Leben zu integrieren, werden ihm selbst und den Gruppenmitgliedern, mit denen er arbeitet, die Werte/Ziele deutlich und erfahrbar: »Autonomie unter Berücksichtigung der Interdependenz«; »Wachstum zu mehr Lebendigkeit«.

3.4. Reflexion der Grundhaltungen an einem Beispiel

Im folgenden möchte ich nach der Beschreibung einer Situation in einem *ersten Schritt* Gedanken und Gefühle so aufzeigen, wie sie möglicherweise *spontan* auftauchen könnten (d. h. ohne Aktivierung der Grundhaltungen), und beschreiben, zu welchem Verhalten und welcher Wirkung dies eventuell führen würde. Um diese »spontanen« Abläufe besser zu verstehen, füge ich einige Erklärungen (vgl. Teil I) an.

Im *zweiten Schritt* will ich dasselbe Beispiel mit dem *bewußten Einsatz der drei Grundhaltungen* beschreiben.

Situation:
Ich habe bei einem regionalen Bildungswerk einen Abend zu leiten und zu gestalten zum Thema »Gespräche in der Familie«.

Gleich zu Beginn spricht mich eine Frau in ziemlich aggressivem Tonfall an: »Haben Sie denn überhaupt selbst Kinder?«

Erster Schritt: Mögliches »spontanes« Erleben und Verhalten (unreflektiertes Verhalten)

Ich erlebe die Frau sehr aggressiv. Ihr Tonfall ist herausfordernd. Spontan will ich es ihr tüchtig zurückgeben, am liebsten genauso aggressiv sein und z. B. sagen:

»Ich habe keine Kinder. Aber das heißt ja schließlich nicht, ich könne zum Thema ›Gespräche in der Familie‹ nichts sagen. Natürlich habe ich auch Erfahrungen . . .«

Reflexion und Erklärung
Die Frage der Frau hat für mich einen Inhalts- und einen Beziehungsteil (vgl. S. 76). Der Inhalt ist eine klare Frage, auf die ich auch leicht klar antworten könnte. Aber im Beziehungsteil kommt zusätzlich bei mir an: »Du redest bestimmt nur Theorie, dir werde ich nichts abnehmen.«

Wenn ich in meiner oben beschriebenen Art reagieren würde, wäre meine Antwort vor allem eine auf der Beziehungsebene. Es ist leicht vorstellbar, welche Wirkung dabei herauskäme: Jeder ist verärgert und unverstanden; wir könnten uns eine Zeitlang herumstreiten, wer recht hat. Die anderen Teilnehmer (die Zuschauer in dieser Situation) würden sich insgeheim oder offen auf eine Seite stellen – der »Schlagabtausch« wäre ein zwar unsichtbarer, aber gegenwärtiger Begleitteil des Abends, weil jeder unbewußt aus seiner Beobachtung, je nach eigener Situation und Hintergrund, seine Schlüsse gezogen hätte.

Zweiter Schritt: Aktivierung der drei Grundhaltungen in dieser Situation

Wenn ich versuche, nicht unreflektiert zu reagieren, sondern nacheinander bewußt die drei Grundhaltungen in mir zu aktivieren, laufen in mir vielleicht folgende Gedanken/ Prozesse ab:

Echtheit
Zuerst versuche ich wahrzunehmen, was in mir selbst vorgeht.

Ich fühle mich angegriffen und verletzt. Ich spüre das Mißtrauen der Frau meiner Person und auch meiner Fachlichkeit gegenüber. Das macht mir angst. Ich befürchte eine Abwertung im voraus, die mir keine Chance läßt. Das alles läuft ganz schnell in mir ab, und diese Reaktionen hängen sicher zusammen mit früheren und ähnlichen Erlebnissen in meiner Lebensgeschichte.

»Wie wird der Abend verlaufen? Denken noch mehrere so? Wollen die mich gar nicht hier haben? usw.«

Neben diesen Gefühlen habe ich aber auch viel Ruhe und Sicherheit in mir, daß ich mit Menschen über solche Fragen gut sprechen kann. Ich habe das in vielen Situationen erlebt und glaube, daß meine eigenen Erfahrungen mit Kindern und Jugendlichen und mein Theoriewissen hilfreich sein können.

Bis jetzt war ich bei mir, um mir mein Erleben bewußtzumachen. Jetzt gehe ich mit meinen Gedanken und Gefühlen auf die Frau zu:

Unbedingte Wertschätzung
Diese Wertschätzung darf nicht an die Bedingung geknüpft sein: Wenn du mir freundlich und wertschätzend entgegenkommst, dann werde ich das auch tun. Unbedingte Wertschätzung sagt mir: Ich achte, daß du hier eine Äußerung machst, die für dich wichtig ist und eine Bedeutung hat. Ich respektiere deine Frage und will sie ernst nehmen. Das heißt auch: Wenn wir schließlich feststellen, daß wir ganz unterschiedlich denken, und du mir sagst, du willst nicht mit mir zusammen hier nachdenken, dann ist das deine Sache

und Entscheidung und ich brauche mich nicht schmollend oder beleidigt schlecht zu fühlen. Ich möchte dir etwas anbieten, aber du brauchst es nicht anzunehmen.

Einfühlendes Verstehen
Ich versuche mich in die Situation/Gedankenwelt der Frau einzufühlen. Ich vermute folgende Gedanken oder Gefühle: »Ich erlebe jeden Tag daheim, wie mühsam das Sprechen miteinander ist und wieviel Konflikte es gibt. Wenn ich gerade reden möchte, will bestimmt ein anderer nicht, usw. Jetzt an diesem Abend fürchte ich, daß jemand kommt und mir Ratschläge gibt und mir dadurch sagen will, wie falsch ich alles mache. Dann muß ich mich noch schlechter fühlen. Ich habe auch schon oft so theoretische Rezepte gehört, als ob alles ganz einfach wäre. Ich möchte gern, daß jemand meine Mühen versteht und meine Schwierigkeiten wirklich sieht . . .«

Mein »inneres Selbstgespräch« hat für mich nun einiges geklärt. Ich kann jetzt die Frage eher verstehen. Ich kann der Frau zugestehen, daß sie mich in Frage stellt. Schließlich kann ich z. B. sagen:

»Nein, ich habe keine Kinder. Ist das für Sie wichtig für das Gespräch am heutigen Abend, oder möchten Sie gern noch etwas über meinen Hintergrund und meine Erfahrungen mit Kindern und Jugendlichen hören?«

Dann können wir über die gegenseitigen Eindrücke oder Befürchtungen auch sprechen; ich kann vielleicht noch sagen, was in mir vorging oder was ich von der Frau her verstanden habe. Und meine Gesprächspartnerin kann auch ihr eventuelles Mißtrauen mir gegenüber offen aussprechen.

Ich kann anbieten, daß jeder Gesprächsteilnehmer mit seinen Erfahrungen das Gespräch anreichert, wobei meine Erfahrungen andere sind als die der Eltern. Beides kann sich hilfreich ergänzen.

Zum Abschluß dieser kurzen Sequenz kann ich vielleicht noch fragen, ob alle so mitgehen wollen oder ob noch eine andere Frage oder Störung da ist.

Diese Überlegungen, vor allem die dazwischenliegenden Reflexionen, klingen aufwendig. Ich kann ja nicht fünf Minuten dasitzen und nachdenken, bevor ich reagiere. Ich kann auch nicht in jeder Kommunikationsphase bei mir und meinen Partnern so genau wahrnehmen, was vorgeht. Aber ich kann beginnen, indem ich z. B. eine erlebte Situation nachträglich durchdenke und dann »korrigierend« vorausdenke und übe. Das hilft mir, in neuen Situationen früher wahrzunehmen, was in mir und meinen Partnern geschieht.

Es ist deutlich geworden: Diese Grundhaltungen fallen mir nicht zu und werden nicht »spontan« wach in mir. Ich muß mich erst für sie entscheiden und sie einüben. Erst wenn ich sie in meine Person integriert habe, werden sie zu *meiner* Haltung und stehen in meiner Verfügung (werden sie zu spontanem Verhalten).

Vielleicht werde ich mich überhaupt nur dann auf diesen Weg machen, wenn ich an mir selbst durch andere erfahren habe, wie befreit ich mich in einem Klima von Wertschätzung, Einfühlung und Echtheit bewegen kann und wie dadurch meine eigenen Kräfte freigesetzt werden.

4. Lernen am Modell
– Zusammenfassende Gedanken –

* Es gibt kein »richtiges Leiterverhalten« an sich, sondern immer nur ein Verhalten des Leiters, das mehr oder weniger angemessen der Situation und den Bedürfnissen der Teilnehmer und des Leiters selbst entspricht.
* Verhalten in Gruppen ist soziales Verhalten. Es läuft ab zwischen Menschen und in Anwesenheit von Menschen. Soziales Verhalten ist komplexes Verhalten: Viele einzelne Momente fließen hinein, viele Bedingungen spielen mit; vieles läuft unbewußt ab. Soziales Verhalten kann deshalb nur schwer und ungenügend durch Worte erklärt oder verändert werden.

* Veränderung von sozialem Verhalten geschieht am leichtesten durch »Lernen am Modell«, d. h. durch Beobachten, Zuschauen, Nachmachen. Das wurde durch viele Untersuchungen bewiesen.

Das bedeutet, daß auch die Verhaltensänderung der Gruppenmitglieder in der in Teil II und III beschriebenen Richtung vor allem dadurch beeinflußt werden kann, daß der Gruppenleiter selbst dieses Verhalten modellhaft praktiziert. Auf diese Weise werden auch komplexe und schwierige »Verhaltensketten« gelernt.

Teil IV

Die Gruppe und ihr Programm – Zur Planung, Vorbereitung und Durchführung von Programmen

Fragestellungen

- Welche Gesichtspunkte sind bei der Planung von Programmen zu berücksichtigen?
- Welche Wechselwirkung besteht zwischen Zielen, Inhalten, Methoden und Medien im Gruppenprogramm, und wie ist ihr Zusammenhang mit den Voraussetzungen von Teilnehmern und Leitern?
- Wie kann ich als Leiter bei der Planung des Gruppenprogramms die drei Dimensionen »Ich – Wir – Sache« (TZI) einbeziehen?
- Wie verhält sich das Postulat der *Planung* zu dem der *Flexibilität und der Offenheit* gegenüber Situationen und Bedürfnissen?

1. Gruppen haben ein Programm

Unter dem Gruppenprogramm verstehe ich das, was die Gruppe will und tut. Die verschiedenen Gruppen verfolgen sehr unterschiedliche Absichten und Ziele und beschäftigen sich mit vielfältigen Inhalten.

Beispiele:

* Kinder- und Jugendgruppen machen Spiele, führen Gespräche, unternehmen Aktionen, erfahren sich im Zusammenleben, feiern miteinander Feste . . .
* Mitglieder eines Behindertenarbeitskreises wollen behinderte und nichtbehinderte Menschen miteinander in Kontakt bringen, Vorurteile abbauen, Gemeinsamkeiten entdecken, miteinander neue Erfahrungen machen . . .

* Ehepaare in einem Familienkreis möchten die Isolation der Kleinfamilie auflösen, voneinander Anregungen über die Erziehung der Kinder bekommen, gemeinsam etwas unternehmen . . .
* Die Mitglieder eines Ausschusses im Gemeinderat haben das Interesse, ihren Auftrag möglichst gut zu erfüllen, eine begründete Sacharbeit zu leisten, vorzeigbare Ergebnisse zu erzielen . . .
* In einem Kindergartenteam besteht vor allem das Anliegen, zu Arbeitsabsprachen zu kommen und sich gegenseitig Hilfe zu geben in schwierigen Situationen . . .
* In einer Schulklasse ist ein spezieller Lernstoff vorgegeben, eine bestimmte Zeit steht zur Verfügung . . .

Unterschiedlich ist in den Gruppen auch, *wie* das Programm zustande kommt: zufällig oder geplant, mit bestimmten Absichten oder in unreflektierter Zusammenstellung, wieviel der Leiter oder die Teilnehmer jeweils selbst bestimmen können oder ob das Programm schon durch Vorgaben oder Aufgabenstellungen von der Gruppengründung her festgelegt ist. Ein Lehrer z. B. oder auch ein Ausschußleiter hat stärkere Vorgaben; ein Jugendgruppenleiter kann allein und zusammen mit seiner Gruppe das Programm ziemlich frei entscheiden.

Unterschiede bestehen auch durch den Rahmen, in den die Gruppe eingebunden ist; z. B. Schule, Pfarrei, Betrieb, Privatraum usw.

Unabhängig von diesen Unterschieden ergeben sich aber für alle Gruppen und ihre Leiter gleiche Fragen, wenn es um die Planung und Durchführung eines Programms geht: Welches Programm wollen/machen wir? Und wie fangen wir es an, damit es möglichst allen gefällt bzw. daß alle einverstanden sind.

2. *Programm kann gelingen oder mißlingen*

Jeder Gruppenleiter macht die Erfahrung, daß ein bestimmtes Programm oder auch ein Tagesordnungspunkt »zündet«, ankommt – oder eben »kalt läßt« und Langeweile hervorruft, oft ohne daß ihm recht klar ist, warum das so gekommen ist.

Beispiele:
* Ich hatte eine Aktionsidee für die Kindergruppe; die Kinder gingen nicht darauf ein.
* Ich will die Gemeinderatsmitglieder für das Problem der Randgruppen in der Gemeinde interessieren; trotz meiner betroffen machenden Beispiele will sich keiner engagieren.
* Ich wollte im Gesprächskreis alle Mitglieder am Gespräch beteiligen und habe engagiert aufgefordert zum Mitreden. Kaum jemand hat gesprochen.

Woran kann es liegen, wenn Angebote eines Leiters von Gruppen nicht angenommen werden?

Einige Möglichkeiten zu den Beispielen oben:
* Vielleicht bin ich nur von meinem Interesse ausgegangen und habe nicht bedacht, daß die Interessen der Mitglieder ganz andere sind und ich für meine erst werben müßte (z. B. Aktionsidee).
* Ich habe nicht auf die äußeren Bedingungen geachtet. Z. B.: Heute scheint nach langer Zeit zum ersten Mal wieder die Sonne, und die Kinder wollen lieber draußen spielen, als drinnen Gespräche führen.
* Vielleicht habe ich bei den anderen Teilnehmern Abwehr hervorgerufen, weil ich ein schlechtes Gewissen geweckt habe (Randgruppen). Weil ich »zu sehr« betroffen machen wollte, haben alle Angst bekommen, sich zu viel engagieren zu müssen.
* Vielleicht habe ich den Blick auf eine »Schwäche« der Gruppenmitglieder gerichtet (schweigen oder mitsprechen). Und jetzt fühlt sich jeder bedrängt und beobachtet.

Gelingen oder Mißlingen, Ankommen oder Ablehnung hängt also von vielen oft unbeachteten oder auch nicht gewußten Faktoren ab: vom Inhalt und wie er die Gruppe interessiert, von der gewählten Methode, von der Zusammensetzung der Gruppe, von aktuellen äußeren Bedingungen, auch von der Stimmung einzelner, vom Verhalten des Leiters, von den Gefühlen, die der Inhalt auslöst, usw.

Ein Leiter bräuchte also ein »Instrument«, das ihm hilft, wenigstens einige dieser vielfältigen Faktoren zu erkennen, um sie bei seiner Planung berücksichtigen zu können.

Eine solche Hilfestellung bietet das »Berliner Modell« *(Heimann/Schulz).* Durch die Beschreibung und Erklärung dieses Planungsmodells möchte ich Leiter von Gruppen dazu anregen, die Vorbereitung und Durchführung von Gruppenstunden/Arbeitseinheiten besser zu reflektieren und zu gestalten.

- Wenn ich im folgenden vor allem vom »Gruppenleiter und seiner Planung« spreche, dann steht, ohne daß dies jeweils eigens genannt wird, dahinter auch das Anliegen, die Mitglieder der Gruppe zunehmend selbstverantwortlich an dieser Planung zu beteiligen (vgl. Zielrichtungen der Gruppenarbeit, Teil II).

*3. Das »Berliner Modell« als Werkzeug der Planung**

Das »Berliner Modell« möchte helfen, zu sinnvollen Entscheidungen über das »Warum, Wohin, Was und Wie« in einer Gruppe zu kommen unter Berücksichtigung der je unterschiedlichen Bedingungen und Situationen. Es gibt Hilfen zur Analyse und Planung einzelner Schritte und zur nachträglichen Reflexion und Auswertung von Arbeitseinheiten oder Gruppenstunden.

Das »Berliner Modell« nennt sechs Faktoren, die bei der Planung und Vorbereitung berücksichtigt werden sollten,
- zwei *Bedingungs*faktoren und
- vier *Entscheidungs*faktoren (Entscheidungsfelder).

---

* Das Berliner Modell wurde für Schule und Unterricht entwickelt. Es soll gezieltes und geplantes Lernen ermöglichen, indem es dazu beiträgt, möglichst viele den Unterricht beeinflussende Faktoren in den Blick zu bekommen. Es wird in seiner Grundanlage hier übernommen, weil es in der Arbeit von Leitern in Gruppen immer um zielgerichtetes und bewußtes Handeln geht, das der Reflexion und Planung bedarf. Dazu stellt das Berliner Modell ein Instrument zur Verfügung. Es wird hier *nur* soweit eingebracht und reflektiert, als es dazu beitragen kann, Gruppenleiter zu bewußterem Handeln zu befähigen und sie wegzuführen von der Aneinanderreihung von Zufälligkeiten. Das Modell wird hier in vereinfachter Weise dargestellt.

Sie stehen alle eng miteinander in Beziehung und Wechselwirkung, und die Art und Weise, wie sie beachtet werden, spielt u. a. eine Rolle dabei, ob ein Programm gelingt oder mißlingt.

Die sechs Faktoren (2 Bedingungs- und 4 Entscheidungsfaktoren) werden hier zunächst aufgeführt und durch Fragen aufgeschlüsselt. Daran anschließend werden die wichtigsten Aussagen des Berliner Modells herausgestellt. Ein Schema/ein Bild schließt die Darstellung ab.

(1) Bedingungsfaktoren

○ Der *Bedingungsrahmen*, in dem das Treffen stattfindet; z. B.:
  - Wo findet das Treffen statt?
  - Welche räumlichen Bedingungen gibt es?
  - Wieviel Zeit steht zur Verfügung?
  - Was ist sonst noch unverändert vorgegeben?
  - Wer hat von außen Einfluß oder Kontrollrechte, welche?

○ Die persönlichen und sozial-kulturellen *Voraussetzungen aller Beteiligten* (d. h. die der Mitglieder *und* die des Leiters);
  z. B.:
  - Wie alt sind sie, in welcher Entwicklungsstufe, Männer oder Frauen (Jungen oder Mädchen)?
  - Welche Interessen haben sie vermutlich, welche Einstellungen, Motivationen, welche Aufnahmebereitschaft . . .?
  - In welchem Lebensraum leben sie? Was ergibt sich daraus eventuell an Einstellungen, Fähigkeiten usw.?
  - Vorerfahrungen aller Beteiligten.
  - Wie ist die Zusammensetzung der Gruppe, wer führt und hat Einfluß (in welcher Richtung), wie ist das Klima?

- Wie ist das Verhalten und die Beziehung der Teilnehmer und Leiter untereinander?

(2) Entscheidungsfelder

- Die *Absichten*, die *Ziele*, die angestrebt werden:
  - Was möchte ich (möchten wir) erreichen? Worum geht es?
  - Woher kommen diese Ziele, wie begründen sie sich?
  - Wie »passen« diese Ziele auf den Bedingungsrahmen, auf unser aller Voraussetzungen?
  - Sind diese Ziele denkbar, oder müssen sie im Blick auf Bedingungen und Voraussetzungen verändert werden?

- Die *Inhalte/Gegenstände*, um die es geht:
  - Um welche Inhalte geht es?
  - Passen diese Inhalte zu den Zielen und umgekehrt?
  - Wie genau müssen die Inhalte gefüllt werden (eingegrenzt/ausgeweitet), damit sie nicht an den Voraussetzungen der Beteiligten vorbeigehen?
  - Gibt es Widersprüche zum Bedingungsrahmen?

- Die *Methoden:*
  Methoden sind der Weg, auf dem die Inhalte angegangen und die Ziele erreicht werden können.
  - Wenn ich die Voraussetzungen der Beteiligten und den Bedingungsrahmen bedenke und mir die angestrebten Ziele und Inhalte vergegenwärtige, welche Ideen habe ich dann, wie ich dieses erreichen könnte?
  - Welche Schritte finde ich? Was könnte ich tun, sagen, anbieten? Wie den Inhalt aufbauen, strukturieren oder darbieten?
  - Müßte ich eventuell meine Zielstrebungen ändern, weil ich keinen Weg finde, wie ich sie erreichen kann; oder ändere ich meine Inhaltsentscheidungen oder den Bedingungsrahmen oder auch meine Voraussetzungen

(indem ich mir z. B. zu einer Sache mehr Informationen beschaffe)?

- Die *Mittel*, die *Medien*, die ich brauche, wenn ich diesen Weg gehen will:
  - Habe ich diese Mittel/das Material, oder muß ich den Weg ändern, weil sie mir nicht zur Verfügung stehen? (Z. B.: Mir fehlt ein Dia-Projektor und ich wollte Bilder zeigen.)
  - Passen die Medien zu den Voraussetzungen der Teilnehmer, den Zielen, den Inhalten usw.?

Die wichtigsten Feststellungen dieses Modells sind:

(1) Alle sechs Faktoren beziehen sich aufeinander. Unter ihnen besteht ein Zusammenhang. Jeder Faktor muß im Blick auf den anderen betrachtet werden. (In der folgenden bildlichen Darstellung wird dies durch Pfeile ausgedrückt.)

Beispiele:

- Wenn ich über Voraussetzungen nachdenke, wird mir eventuell bewußt, wie das Ziel aussehen kann (bzw. nicht aussehen kann). Z. B.: Ich hatte mir das *Ziel* überlegt, alle Familienkreismitglieder für eine Aktion zur Verbesserung von Kinderspielplätzen zu begeistern. Die *Voraussetzungen* der Familien sehen aber so aus, daß alle Kinder über 6 Jahre haben. Vermutlich wird mein Ziel mit dieser Gruppe nicht erreichbar sein. Ich kann aber eine Aktionsidee überlegen, die der Gruppe mehr entspricht.
- Wenn ich eine Methode wähle und diese den Voraussetzungen gegenüberstelle, merke ich vielleicht, daß die Methodenentscheidung noch nicht genug auf die Situation der Gruppe abgestimmt ist und mein Ziel so nicht erreicht werden kann.

  Z. B.: Ich will gerne, daß die Kinder in der Gruppe in Zukunft ihr Programm mitbestimmen (Ziel). Ich plane, sie zu *fragen*, was sie machen wollen (Methode). Mir fällt ein, daß sie ganz ungeübt sind in solchen Überlegungen und auch nicht gerne länger miteinander sprechen (Voraussetzungen).

  Also passen Methode, Ziel und Voraussetzung nicht zusammen. Ich überlege mir eine neue, den Voraussetzungen besser entsprechende Methode: Jedes Kind darf auf einem Zettel drei Wünsche aufschreiben . . .

(2) Dieses Modell betrachtet Planung (eines Treffens/einer Gruppenstunde) als ein System miteinander zusammenhängender Entscheidungen: In einem Element ist jeweils auch jedes andere mitenthalten, bzw. die Entscheidung in einem Feld hat Folgen für die Entscheidung in den anderen Feldern. Wenn ich in einem Feld eine Entscheidung getroffen habe, muß ich deshalb alle anderen Entscheidungen durchdenken, ob sie im Zusammenspiel übereinstimmen (s. o.).

(3) Auch der Bedingungsrahmen muß bei Entscheidungen berücksichtigt werden, bzw. je nach Ziel muß ich versuchen, den Bedingungsrahmen zu verändern.

Beispiele:
- Wenn ich nur eine Stunde Zeit habe, kann ich als Methode nicht »Theaterbesuch« einsetzen.
- Wenn ich das Ziel habe, es sollen sich alle an einem Gruppengespräch möglichst gut beteiligen, dann hilft es, wenn ich die Bedingungen im Raum so gestalte, daß jeder jeden sehen kann und niemand allein schon durch die Sitzordnung vom Gespräch ausgeschlossen wird.

(4) Die Bedingungs- und Entscheidungsfaktoren sind hier in einer bestimmten Reihenfolge dargestellt. Bei der Planung brauche ich aber nicht unbedingt in dieser Reihenfolge vorzugehen, weil alle Faktoren sich wechselseitig beeinflussen. Ich kann grundsätzlich in jedem Feld beginnen und darauf die Entscheidung der anderen beziehen.

Beispiele:
- Ein Ausschuß hat über die Gestaltung eines Festes zu entscheiden. Damit ist ein *Ziel* vorgegeben, das allerdings noch im einzelnen genauer beschrieben werden müßte. Die anderen Faktoren werden bezogen auf dieses Ziel entschieden . . .
- Ein Gruppenleiter hat eine Nachtwanderung mit der Gruppe geplant *(Methode).* Bevor es losgeht, überlegt er sich, welche Erfahrungen für die Kinder dabei möglich werden können und wie er diese Erfahrungen anregen kann *(Ziel und Inhalt).* Zum Beispiel: Sternbilder kennenlernen, Geräusche erkennen, mit der Nacht vertraut werden, usw. Hier wurde von der Methode ausgegangen.

(5) Ist ein geplantes Treffen durchgeführt, dann ergeben sich Folgen oder Ergebnisse bei allen Beteiligten. Die Ziele wurden erreicht oder nicht erreicht, es hat sich etwas verändert oder es ist nichts geschehen. Diese Ergebnisfeststellung fließt ein in die Voraussetzungsüberlegung für das nächste Treffen.

Das hier beschriebene und in den fünf Punkten zusammengefaßte »Berliner Modell« sieht im Bild so aus:

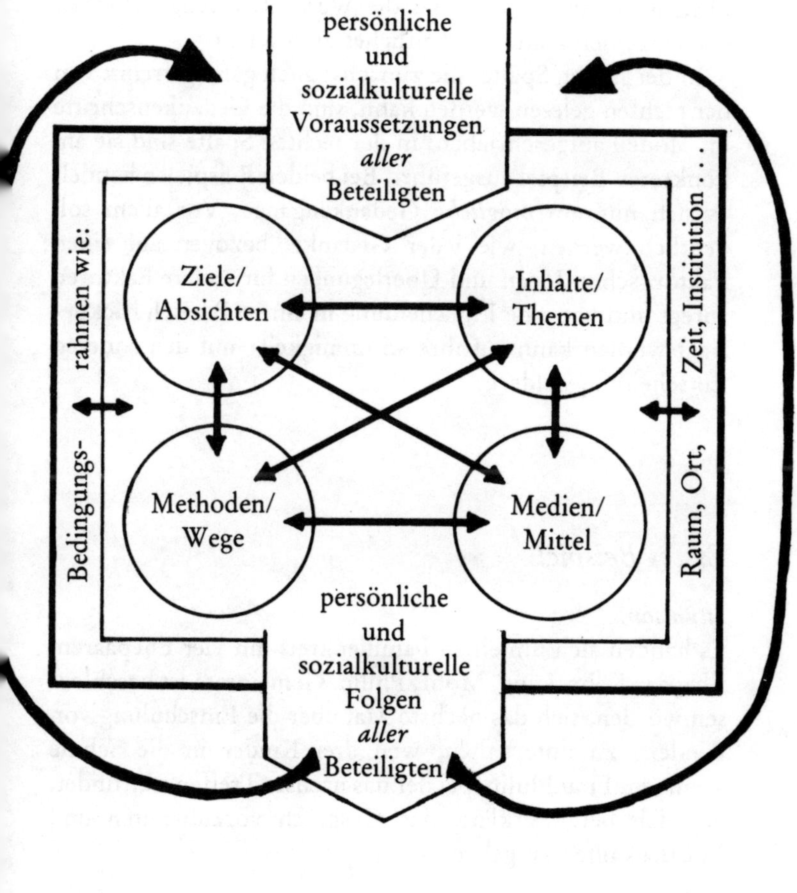

4. Darstellung an zwei Beispielen

An zwei Beispielen wird der mögliche Umgang mit dem Instrumentarium des »Berliner Modells« aufgezeigt. Das erste Beispiel geht aus von der Planung eines Inhaltes/einer Sache für eine bestimmte Gruppe. Das zweite Beispiel versucht, das Modell anzulegen auf die Planung einer Konfliktbearbeitung in einer Gruppe, und geht also aus von einer aktuellen Situation in der Teilnehmergruppe (Voraussetzungen).

Beide Beispiele beschreibe ich in der »Ichform«, um den Denkablauf im Modell und die Wechselwirkung zwischen den einzelnen Faktoren deutlicher zu machen.

In der linken Spalte, die zunächst auch ganz getrennt von der rechten gelesen werden kann, sind die Gedankenschritte im Modell aufgeschrieben; in der rechten Spalte sind sie am konkreten Beispiel ausgeführt. Bei beiden Beispielen handelt es sich nur um *mögliche* Gedankengänge. Vor allem soll deutlich werden, wie jeder Gedanke, bezogen auf einen Faktor, schon Ideen und Überlegungen für andere Faktoren anregt und wie eine Entscheidung in einem Bereich rückbefragt werden kann auf ihre »Stimmigkeit« mit den anderen Entscheidungsfeldern.

Erstes Beispiel

Situation:
Es handelt sich um einen Familienkreis mit vier Ehepaaren. Ehepaar Kehr, Lang, Mohr, Philip. Gemeinsam ist beschlossen worden, sich das nächste Mal über die Einschulung von Kindern zu unterhalten, weil drei Kinder in die Schule kommen. Frau Philip, bei der das nächste Treffen stattfindet, hat sich bereit erklärt, das Gespräch vorzubereiten und Einstiegshilfen zu geben.

Modell

- Wenn ich mich (wir uns) aufgrund der Situation entschieden habe, einen bestimmten *Inhalt* zu besprechen,

Situation

Es ist beschlossen worden, das Problem *»Schulanfang« der Kinder* beim nächsten Treffen zu besprechen. *Ich (Frau Philip)* habe die Vorbereitung übernommen.

- und der *Bedingungsrahmen* geklärt ist,

Wir treffen uns das nächste Mal bei uns (Familie Philip); es ist ca. zwei Stunden Zeit für das geplante Gespräch. Es wird miteinander zu Abend gegessen, so daß alle sich schon erzählen können, was in der letzten Zeit los war.

- überlege ich mir noch etwas genauer die *Voraussetzungen aller Beteiligten.* Zum Teil kenne ich die Voraussetzungen, zum Teil vermute ich sie. Beides ist wichtig zu unterscheiden, damit ich nicht mit »vermuteten Voraussetzungen« wie mit festen Annahmen umgehe. Ich bleibe dann offener und flexibler und bin eher bereit und fähig, mich auf ganz andere Situationen einzulassen, als ich sie vermutet habe.

Alle kennen sich ganz gut, und die Gespräche sind meistens interessant. Familie Kehr ist sehr zurückhaltend, vor allem Herr Kehr. Familie Kehr, Lang und wir haben Kinder, die eingeschult werden. Schwierig ist es, daß Herr Lang oft so dominant ist, er spricht viel mehr als die anderen.

- Hier fällt mir schon ein Stück für *mein Ziel* ein: ich will gerne, daß alle zum Zug kommen.
  Und das hat schon eine Konsequenz für meine *Methodenüberlegung:* Ich möchte einen Weg finden, der es allen ermöglicht, mitsprechen zu können.

Dann fällt mir noch ein, daß Frau Mohr meinte, das Thema sei nicht wichtig. Es gäbe beim Schulanfang keine Schwierigkeiten, bei ihrer Tochter sei alles gutgegangen. Die anderen haben sich gar nicht mehr recht getraut, ihre Probleme anzumelden. Es könnte sein, daß Frau Mohr wieder so reagiert.

○ Das spricht für einen Einstieg, wo alle erst einmal nachdenken müssen und jeder sich äußern kann *(Methode)*.

Ich selbst habe ein wenig Angst vor der Leitung des Gesprächs. Herr Mohr hat dies das letzte Mal fast perfekt gemacht. Das kann ich nicht.

○ Also beschließe ich: ich mache nur einen Einstieg und überlasse dann das Gespräch allen. Dies teile ich auch am Anfang mit *(Methode)*.

o Jetzt weiß ich schon ziemlich viel über mein *Ziel* und kann mir zusätzlich noch ein paar Gedanken machen.

Ich möchte
- möglichst alle miteinander ins Gespräch bringen;
- motivieren, über das Thema nachzudenken und sich gegenseitig Anregungen zu geben;
- wenn nötig Frau Mohr »bremsen«;
- Erfahrungs- und Gedankenaustausch anregen durch einen Einstieg.

Entspricht diese Zielüberlegung den Voraussetzungen? (Rückfrage!)

o Einige *Inhalte*, die angesprochen werden können, fallen mir spontan ein, andere muß ich erst überlegen.

- Schulbeginn, Schwierigkeiten und Änderungen, die sich daraus ergeben können für die Kinder und für uns Eltern;
- Welche Hilfe brauchen Kinder in dieser Zeit?
- Wie kann eine Zusammenarbeit mit den Lehrern begonnen werden?
- Sollen wir ein Fest im Familienkreis machen?

○ Diese Inhalte kann ich selbst aufgreifen, wenn sie nicht von anderen sowieso angesprochen werden *(Methode)*.

o Jetzt überlege ich mir eine *Methode* für einen Einstieg, der meine Ziele ermöglicht und den Voraussetzungen entspricht.

Ich versuche folgendes:
Ich bereite Zettel vor, wo lauter angefangene Sätze daraufstehen. Jeder bekommt den gleichen Zettel.
»Wenn mein Kind in die Schule kommt«,
- freut es sich auf ...
- hat es Angst vor ...
- kann ihm die Schwierigkeit begegnen ...
- braucht es von mir besonders ... usw.

Jeder füllt das für sich aus, alle tauschen die Zettel aus, und wir lesen reihum zu einem Satz alle Ergänzungen. Dann sprechen wir darüber.
Ich möchte auch noch darauf achten, daß alle Meinungen gehört werden und nicht einzelne abgewertet werden.
Ich prüfe, ob dieser Einstieg den Voraussetzungen und Zielen entspricht.

o Welche Medien/Mittel brauche ich, um die Methode durchführen zu können?

Vorbereitete Zettel mit Sätzen, Bleistifte.

Zweites Beispiel

Situation:
Seit zwei Jahren besteht ein Arbeitskreis »Treffen mit Behinderten«. Die Mitglieder des Kreises – es sind junge Erwachsene zwischen 18 und 25 Jahren – haben Kontakt zu einem Wohnheim von geistig behinderten Menschen aufgenommen und gestalten regelmäßig Treffen von Behinderten und Nichtbehinderten. Einmal wird eine Fahrt unternommen, einmal gespielt ...

Der Arbeitskreis besteht aus sechs Mitgliedern. Im Kreis sind in den letzten Wochen Unstimmigkeiten aufgetaucht, u. a. weil Paul, Gerhard und Ilse meinen, viel mehr als Evi, Markus und Monika arbeiten zu müssen.

Paul hat das Problem auf den Tisch gebracht, und es wurde beschlossen, beim nächsten Planungstreffen gründlicher über die Konflikte in der Gruppe zu sprechen. Paul wurde beauftragt, das Treffen vorzubereiten, damit ein offenes und faires Gespräch erleichtert wird.

Modell	*Situation*
o Wenn sich eine Gruppe auf Grund der Situation (Voraussetzungen) für ein bestimmtes *Ziel* entschieden hat,	Die Gruppe hat beschlossen, den *Konflikt* zu besprechen und ihn *offen und fair anzugehen.* Es soll niemandem Schuld zugeschoben werden; alle sollen sagen können, wie sie die anderen in der Gruppe erleben und wie sie ihr eigenes Verhalten verstehen. Ärger und Unstimmigkeiten sollen ausgesprochen werden. *Paul (ich)* soll vorbereiten.
o ist es sinnvoll, sich ganz klarzumachen, um welchen *Inhalt*/Thema es gehen soll, was genau geklärt werden sollte.	Ich nenne das *Thema:* »Die Zusammenarbeit in unserer Gruppe: – Was gefällt mir, was nicht? – Wie erlebe ich mich und die anderen? – Was will ich ändern?«
o Bevor methodische Überlegungen angestellt werden, können die *Voraussetzungen der Beteiligten* noch näher bedacht werden, damit vielleicht das Ziel oder der Inhalt noch deutlicher werden, vor allem aber damit das Vor-	Gerhard und Ilse haben sich schon oft über das mangelnde Engagement der anderen beklagt. Auch ich bin im Augenblick noch ziemlich ärgerlich über sie. O Das ergibt für mich eine erste Folge für das *Vorgehen,* die Methode. Ich nehme mir vor: Ich möchte ruhig bleiben und die anderen nicht nur angreifen. Ich möchte mich bemühen, wirklich

gehen (die Methode) auf die Teilnehmergruppe abgestimmt werden kann.

zu fragen, warum sie sich so verhalten. Sonst gelingt unser Ziel nicht, ein offenes und faires Gespräch zu führen.

Mir selbst ist die Behindertenarbeit ein ganz wichtiges Anliegen. Mit Gerhard und Ilse zusammen habe ich den Kreis gegründet. Vielleicht hat der Konflikt damit etwas zu tun, daß Evi, Markus und Monika erst später dazugekommen sind.

○ Hier wird mir klar, daß ich noch ein weiteres *Ziel* habe. Ich will gerne die drei dazu motivieren, wieder stärker mitzuarbeiten, usw.

○ Jetzt sind *methodische Überlegungen* an der Reihe: Wie kann ich es anfangen, daß die Ziele und Inhalte erreicht werden? Welche Schritte überlege ich, die beitragen zu einem guten Weg?

- Ich will vor allem selbst offen und interessiert sein an dem, wie *jeder* die Situation wahrnimmt. Ich will mich nicht gleich angegriffen fühlen und zurückschlagen, sondern gut zuhören.
- Ich will selbst möglichst offen und direkt sagen, was ich erlebe.
- Ich will das Gespräch unterbrechen und darauf aufmerksam machen, wenn ich es versteckt oder unfair empfinde.
- Von alledem erwarte ich mir einerseits Modellwirkung für die anderen, andererseits auch die Vermeidung eines unsinnigen Angreif-Verteidigungs-Spiels.
- Ich wähle einen Einstieg, der kein Angriff nach einer Seite ist. Z. B.: »Jedem in der Gruppe *gefällt* sicher etwas; jedem *fällt* sicher auch vieles *schwer*. Jeder schreibt etwas davon auf einen Zettel.«

○ Jetzt überlege ich mir noch einmal die *Voraussetzungen:* Sind wir genug vertraut miteinander, um uns das zu sagen? Ja, ich denke, alle wollen mitmachen. Aber vielleicht ist die Methode noch ein wenig starr oder langweilig. Etwas Anregendes oder »Spielerisches« könnte alles leichter machen . . .

Also verändere ich meine *Methodenentscheidung* noch einmal:

- Jeder schreibt auf einen blauen Zettel, was (oder wer) ihm gefällt.
- Jeder schreibt auf einen roten Zettel, was (oder wer) ihm (warum) schwerfällt . . .

Alle Zettel werden in die Mitte gelegt. Einer zieht einen Zettel, liest ihn vor und darf raten: Wer hat ihn wohl geschrieben? Warum vermutet er diesen Urheber? Auch die anderen dürfen mitraten und vermuten. Derjenige, der den Zettel geschrieben hat, darf das Raten unterbrechen, sobald er möchte. Auf diese Weise wird viel Rückmeldung an verschiedene Personen gegeben. Wenn die Person erraten ist, wird über das Geschriebene noch gesprochen – so lange, bis jeder verstanden hat, worum es dem Schreiber geht, bzw. bis die Beziehung zwischen den beiden Betroffenen geklärt ist.

o Welche *Hilfsmittel* sind nötig für diese Methode?

Zettel in zwei Farben.
Schreibzeug.

o Nach der Gruppenstunde können alle zusammen überlegen, was das *Ergebnis* ist.

Gegen Ende können wir zusammen besprechen, wieweit wir gekommen sind, ob wir noch daran weiterarbeiten möchten, ob unser Ziel erreicht ist, usw.

Diesen Reflexionsverlauf müßte man sich eigentlich im Bild der sich wechselseitig beeinflussenden Kreise vorstellen, dann würde das »Springen«, bzw. Denken von einem Kreis zum anderen und die Rückfragen zu den zuerst getroffenen Entscheidungen deutlicher.

Solange das Denken in diesem Modell, also in den sechs Faktoren, noch nicht vertraut ist, wird es sicherlich schwerfallen oder umständlich erscheinen. Ich möchte das vergleichen mit anderen Situationen, in denen ich etwas neu lerne, z. B. Autofahren. Auch da greifen verschiedene Bewegungen ineinander. Am Anfang muß ich mühsam überlegen, und jeder Griff ist eine Entscheidung. Später »geht das« von alleine ineinander. Je mehr ich die Zusammenhänge geübt habe und beherrsche, desto schneller – und dann sogar ohne daß ich es merke – werden die Entscheidungen getroffen: kuppeln, Gang einlegen, bremsen usw.: meine Augen melden etwas, mein Gehirn schätzt die Situation ein und ich tue etwas.

Genauso lerne ich den Umgang mit diesem Planungsmodell. Zuerst übe ich mühsam Wahrnehmungs- und Entscheidungsprozesse und mache mir Zusammenhänge durch Nachfragen bewußt. Dadurch werde ich schließlich sensibel für solche Vorgänge, die Zusammenhänge fallen mir ein, auch ohne daß ich mich gezielt bemühe. Ich werde mehr wahrnehmen und mich leichter entscheiden können.

Das Berliner Modell ist sinnvoll, wenn es benützt wird zur Anregung von Gedanken, zur Entscheidung in der Vorbereitung und zum anschließenden Überlegen, was abgelaufen ist und womit das zusammenhängt. Dann macht es offen für das Geschehen in der Gruppe; es hilft, zunächst andere vermutete oder veränderte Situationen wahrzunehmen und liefert Kriterien für eine Umentscheidung.

Es sollte jedoch nicht dazu benützt und mißbraucht werden, Situationen und Menschen in Gruppen zu *ver*planen oder Interessen des Gruppenleiters manipulatorisch durchzusetzen. Grundsätzlich wäre das mit Hilfe des Modells möglich, weil es eben die Faktoren der Entscheidung und ihre Wechselwirkung benennt und den Umgang mit ihnen lehrt.

Deshalb ist das »Berliner Modell« für mich nur vertretbar im Zusammenhang mit einer Grundentscheidung, wie Gruppe sein sollte, also in Verbindung mit einer Entscheidung für bestimmte Werte in der Gruppenarbeit. Erst diese Vorentscheidung »sichert« den rechten Gebrauch des Planungsinstrumentes.

Die Wertorientierung geschieht in diesem Buch durch die Aussagen der Themenzentrierten Interaktion. Deshalb wird im nächsten Schritt das Berliner Modell verbunden mit den methodischen Aussagen der TZI. Dadurch entsteht ein »Kooperationsmodell«, das einen Beitrag zu »wertorientierter Planung« leisten kann.

5. *TZI und Berliner Modell: ein Kooperationsmodell*

Jedes der beiden vorgestellten Modelle – die Themenzentrierte Interaktion und das Berliner Modell – hat eine eigene Stärke:

- Die TZI erinnert daran, daß Planen und Handeln in Gruppen dem Wachstum und der Entfaltung des Menschen dienen soll und der Weiterentwicklung seiner Autonomie und Gemeinschaftsfähigkeit. Sie nennt auch eine Richtung und stellt Wegweiser auf, wie das erreicht werden kann: Wenn die Bereiche »Ich – Wir – Sache« möglichst gleichwertig berücksichtigt werden.
  Die TZI gibt also vor allem Grundwerte, Grundentscheidungen und Richtungen.

- Dem Berliner Modell fehlt gerade das. Seine Stärke liegt darin, auf die Teile oder Faktoren hinzuweisen, die bei einem Vermittlungs-, Arbeits- und Lernvorgang in Grup-

pen beteiligt sind. Es beschreibt die Struktur, den Zusammenhang und das Zusammenspiel von Rahmenbedingungen, Voraussetzungen, Zielen, Inhalten, Methoden und Medien.
Das Berliner Modell liefert also vor allem ein Instrumentarium für Planung.

Beides ist nötig für Gruppenarbeit: Wert- und Richtungsentscheidungen und ein Planungsinstrument.

5.1. Entwicklung des Modells

Es liegt also nahe, Gedankengänge aus der Themenzentrierten Interaktion und aus dem Berliner Modell zu verknüpfen, um die jeweiligen Stärken der beiden Modelle auszunützen.

- o Das Berliner Modell zeigt mir die Felder, in denen ich überlegen bzw. Entscheidungen treffen muß, wenn ich plane oder vorbereite: Voraussetzungen, Ziele, Inhalte, Methoden, Medien.
- o Die TZI nennt die Dimensionen/die Bereiche, die als Realität in der Gruppenarbeit vorhanden sind und die bei meinen Entscheidungen berücksichtigt werden wollen: das Ich jedes Beteiligten, das Wir (das Zusammen aller) und die Sache (das Thema). Nur wenn ich alle drei Dimensionen in meiner Planung/Gruppenarbeit einbeziehe, handle ich entsprechend meiner Wertentscheidung.

Angelehnt an das Bild des Berliner Modells, heißt dies: In jedem seiner Denk- und Planungsfaktoren können/müssen die drei Dimensionen Ich, Wir und Sache in einem dynamischen Gleichgewicht (ausgedrückt im Bild des gleichwinkligen Dreiecks) gesehen und berücksichtigt werden, wobei das ganze Modell unter der generellen Leitlinie der drei Axiome steht.

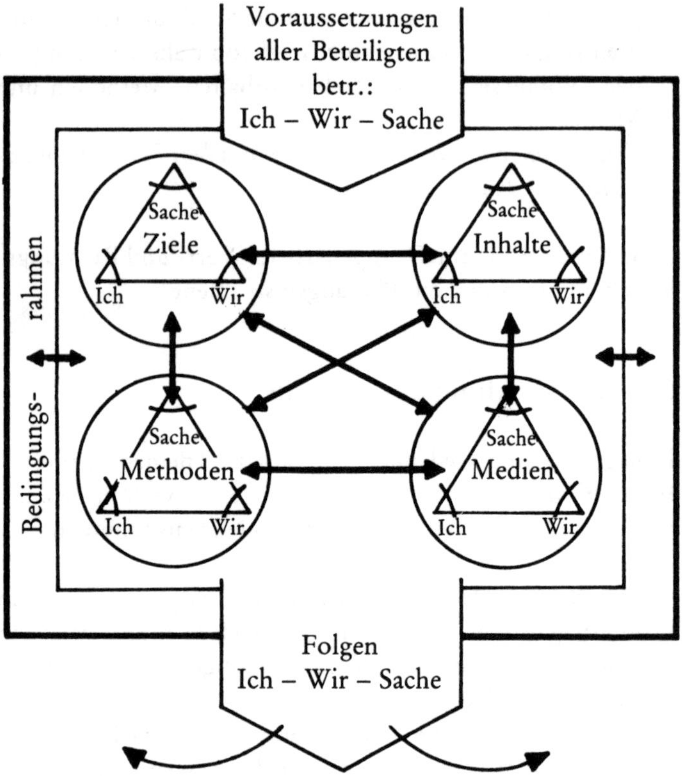

Das bedeutet:

- Ich kann *Voraussetzungen* der Teilnehmer bedenken, was ihre persönliche Situation *(Ich)*, ihre Gruppensituation *(Wir)* und ihren Bezug zu dem Thema *(Sache)* angeht.

- Dasselbe gilt für die *Voraussetzungen* des Gruppenleiters: Seine persönliche Situation *(Ich)*, sein Bezug und Verhältnis zur Gruppe *(Wir)* und seine Vorerfahrung bzw. seine Einstellung oder Voraussetzung in bezug zum Thema *(Sache)*.

Alles das spielt mit bei der gemeinsamen Arbeit oder beim Zusammensein in der Gruppe.

- o In gleicher Weise können/müssen natürlich auch Ziele, Inhalte, Methoden und Medien, bezogen auf alle drei Dimensionen der Gruppenrealität, reflektiert werden.

Beispiel:
- *Welche Ziele* möchte ich setzen (im Blick auf die Voraussetzungen in diesem Bereich) für ein einzelnes Gruppenmitglied/die einzelnen Gruppenmitglieder? *(Ich.)*
- *Welche Ziele* sind denkbar im Blick auf das Wir, die Gruppe, ihren Zusammenhalt oder ihre Kommunikation?
- *Welche Ziele* legen sich nahe vom Thema her – im Blick auf die Voraussetzungen, die die Teilnehmer oder ich als Leiter dazu mitbringen? usw.

Alle Entscheidungen zu diesen Fragen haben inhaltliche und methodische Konsequenzen in jeder Dimension.

Um dieses Bild für konkrete Planung einer einzelnen Gruppenstunde oder Arbeitseinheit verfügbar zu machen, kann ich es umsetzen in ein angedeutetes »Strukturgitter«, das durch seine Schnittpunkte die Felder/Bereiche sichtbar macht, in denen Entscheidungen *möglich* sind.

Die Linien werden nur angedeutet und durch Schnittpunkte markiert, weil die Felder »ineinanderfließen« und nicht starr getrennt voneinander gesehen und behandelt werden können. Durch die Übertragung der Dimensionen auf eine Fläche kann jedoch die Phantasie angeregt werden, und das Denken und Planen bekommt Anhalts- und Erinnerungspunkte. Ich sehe, was ich bedenken und berücksichtigen kann, auch wenn ich natürlich nicht ständig alle Felder einbeziehen kann bzw. durch eine Entscheidung in einem Feld häufig auch ein anderes schon berührt oder gefüllt ist.

Wenn ich mit Unterstützung dieser Denk- und Phantasiehilfe plane, merke ich auch deutlich, welche Felder ich vernachlässige oder immer wieder vergesse, so daß auch dies meiner bewußten Entscheidung zugänglicher wird.

<u>Axiome</u>: Autonomie *und* Interdependenz ↔ Leben u. Wachstum ↔ Akzeptieren *und* Erweitern von Grenzen

⟶ zu berücksichtigende Dimensionen

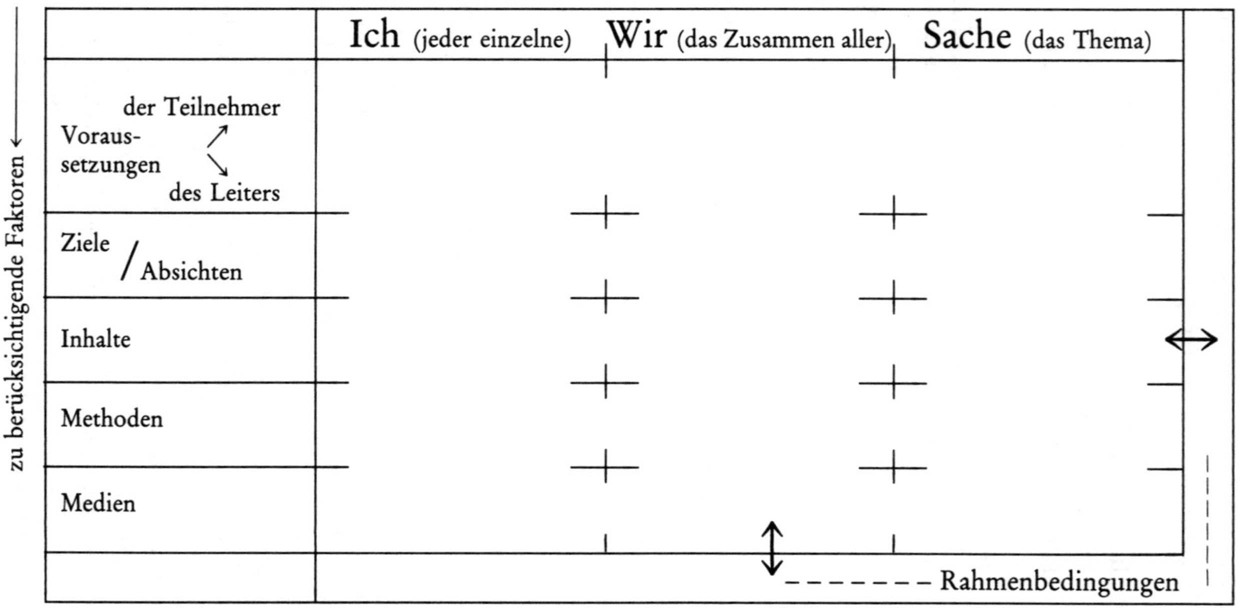

Was in diesem Bild nicht mehr sichtbar wird, sind die Wechselwirkungen der einzelnen Felder untereinander. Dieses Wissen muß ich aus dem Berliner Modell in dieses Kooperationsmodell mitnehmen.

Dieses Modell ist hilfreich für die *erste Phase der Vorbereitung* einer Einheit oder einer Gruppenstunde, wo es darum geht, sich die Situation und die Bedingungen bewußtzumachen und Gedanken und Ideen zu sammeln.

Ich kann meine Gedanken »spielen« lassen von einem Feld in das andere; ein Gedanke bringt mich auf einen nächsten; Assoziationen fallen mir ein; Zusammenhänge werden deutlich; Rückfragen erlauben schon eine vorläufige Bewertung bzw. das Ausschließen oder Erweitern eines bestehenden Gedankens.

Ich habe schließlich eine Reihe von Überlegungen und Ideen verfügbar, aus denen ich dann in einem *zweiten Schritt auswählen kann,* um den Ablauf der Gruppenstunde oder Arbeitseinheit so weit vorzuplanen, wie das nötig und sinnvoll ist.

- Der Sinn des Modells liegt nicht in einer möglichst perfekten und vollständigen Planung, das würde auch den davorstehenden Axiomen widersprechen. Es geht vielmehr darum, die Bedeutung aller drei Dimensionen »Ich-Wir-Sache« für eine Gruppenarbeit immer wieder neu ins Bewußtsein zu heben, sie immer besser berücksichtigen und einbeziehen zu lernen und dabei das Zusammenspiel und die Wechselwirkung der Planungsfaktoren nicht zu vernachlässigen.

Nicht jedes Treffen und nicht jede Gruppenstunde werde ich in gleicher Weise ausführlich vorbereiten. Das eine Mal genügen einige Gedanken; ein anderes Mal hängt viel von einer Stunde ab, und ich kann mir durch eine gründliche Vorbereitung viel Zeit, Kraft und Enttäuschung ersparen. Das eine Mal bin ich selbst dem Thema und der Gruppe gegenüber sehr sicher und brauche nur einige Vorüberlegungen, ein anderes Mal brauche ich die Stütze einer genaueren Planung. Das eine Mal geht es nur um eine Anregung oder einen Gesprächsimpuls, der von mir als Leiter ausgehen muß, ein anderes Mal habe ich konkrete Inhalte zu vermitteln, und ich brauche zu meiner eigenen Sicherheit eine genauere Planung auf die betreffende Gruppe hin.

Oft und vor allem nach einiger Übung wird es genügen, wenn ich ohne Vorbereitung – aber mit wachen Sinnen für die Realität der einzelnen Felder – meine Leitungsfunktionen wahrnehme.

5.2. Darstellung an zwei Beispielen

An zwei Beispielen will ich den Raster und die Möglichkeiten des Umgangs damit darstellen. Damit die Reihenfolge des Gedankenganges und das »Springen« deutlich werden, numeriere ich die Gedanken in den einzelnen Feldern in der Reihenfolge, in der sie in mir entstehen, so daß den Nummern entlang gelesen werden kann. Manchmal kann ein Eintrag in einem Feld genauso in einem anderen stehen oder stimmt auch für andere. Dann trage ich ihn da ein, wo er mir eingefallen ist. Wichtig ist, daß es hier nicht um die Vollständigkeit von Überlegungen geht, sondern um die Sammlung von Gedanken, die in einem nächsten Vorbereitungsstadium dann gründlicher ausgeführt werden müßten.

Erstes Beispiel

Situation und Bedingungsrahmen:
Die Kinder in der Gruppe haben sich wieder einmal eine ganze Stunde Spielen gewünscht. Oft haben sie solche Spielstunden schon selbst vorbereitet, dieses Mal haben wir uns geeinigt, daß ich (Gruppenleiter) die Spiele mitbringe, die ich selbst gut finde. Wir haben eine gute Stunde Zeit zum Spielen. Wir haben

eine Wiese vor dem Gruppenheim, und wenn es regnet, dürfen wir den Saal benützen. Es ist also viel Platz. In jeder Gruppenstunde sind etwa zwölf Kinder anwesend.

Spielbeschreibungen (vgl. Spielstunde)

Gefüllte Kalbsbrust

Ein Wort, das eine Beziehung zur Gruppe haben kann, wird von oben nach unten und im Abstand von einigen Zentimetern von unten nach oben geschrieben. Jeder einzelne (bzw. jede kleine Gruppe) bekommt einen Zettel mit diesem Wort. Das Wort gibt jeweils den Anfangs- und Endbuchstaben an, die Zwischenräume sollen nun gefüllt werden, indem passende Worte eingefüllt werden. Wer zuerst fertig ist, hat gewonnen und darf ein neues Wort zur nächsten Runde angeben.

Beispiel:

```
 | G . . . . . . . . . . . . . . . . . . . . . . . . E
 | R . . . . . . . . . . . . . . . . . . . . . . . . P
 | U . . . . . . . . . . . . . . . . . . . . . . . . P ↑
 ↓ P . . . . . E     R . . . . . . . . . . . . . U |
   P . . . . . . . . . . . . . . . . . . . . . . . . R |
   E . . . I N G A N . . . . . . . . . . . . G |
```

Leintuchspannen

Alle stehen im Kreis und halten ein Leintuch straff gespannt zwischen sich. Ein Ball (Tennisball) wird auf das Leintuch gelegt und alle bewegen es. Jeder achtet darauf, daß der Ball nicht an seinem Platz vom Leintuch rollt.

Das Spiel wird viel schwerer, wenn mit einem rollenden 5,--DM-Stück gespielt wird. Durch vorsichtige Bewegungen soll das 5,--DM-Stück möglichst lange hin- und hergerollt werden, ohne daß es umfällt. Mit der Stoppuhr werden die erreichten Zeiten gemessen. Der Gruppenrekord kann festgehalten werden. Hier geht es um gute Zusammenarbeit. Nur alle zusammen können den Rekord steigern.

*Riesenraupe**

Alle Kinder liegen ganz eng nebeneinander auf dem Bauch. Die Arme sind nach vorne ausgestreckt. Ein Kind legt sich »als Ballast« am Kopf der Raupe quer auf die ersten »Glieder«. Nun beginnen alle gleichzeitig, mit einer

---

* Vgl. *andrew fluegelmann, shoshana tembeck,* new games, die neuen spiele, ahorn verlag 1980, 3.

Sammlung von Gedanken und Ideen zu der Spielstunde

	ICH / jeder einzelne	WIR / das Zusammen der Gruppe	Sache / Thema
Voraussetzungen	2. Fast alle Kinder spielen gern. Nur Gerd steht beim Spiel oft abseits. Er hat Angst vor wilden Spielen, in denen es um körperliche Kraft geht. 7. Gerd ist schnell bei Denk- und Ratespielen. 11. Ich selbst habe viel mehr Lust zu Kooperationsspielen als zu Streitspielen. Ich traue mir auch zu, sie spannend zu gestalten.	3. Manche der Kinder hänseln Gerd immer wieder. Er wird häufig abgelehnt, vor allem deshalb, weil er nicht so recht mithalten kann, wenn es um Kraftproben geht. 9. Die Kinder spielen zur Zeit häufig Kampfspiele. Dabei geht es hart her. Sie streiten oft sehr verbissen. Ich habe auch schon festgestellt, daß die Kinder nach diesen Spielen oft wirklich Krach miteinander haben.	1. Spielen ist in unserer Gruppe sehr wichtig. Es macht den Kindern Spaß und hilft ihnen bei der Erprobung und Entfaltung vieler Fähigkeiten.
Ziele	5. Gerd soll möglichst in die Spiele einbezogen werden.	15. Es geht also vor allem darum: – sich gegenseitig hilfreich erleben – aufeinander achten – einander brauchen – Spaß haben durch das Zusammenspiel – ein gemeinsames Erlebnis haben und miteinander davon reden können.	10. Spiele könnten auch ganz anderen Zielen dienen. Sie können Kooperation fördern und zum Miteinandertun anregen. Allerdings dürften dabei nicht immer einzelne »hart« verlieren. Gleichzeitig sollen die Spiele aber Spaß machen und lustig sein, sie sollen nicht nur einem »guten Zweck« dienen. Ich will erreichen, – daß sie Spaß machen – und zu Kooperation anregen.

Inhalte		12. Ich entschließe mich, nach Kooperationsspielen zu suchen, die möglichst lustig und lebendig sind, bei denen alle mitmachen können und bei denen es nicht vorrangig um Verlierer oder Gewinner geht.
Methoden	6. Deshalb möchte ich mindestens ein Spiel wählen, das Gerds Fähigkeiten entspricht, so daß er den anderen Kindern gegenüber eine Chance hat. 8. Da wäre möglich: Gefüllte Kalbsbrust* 14. »Gerds Spiel« könnte auch in Untergruppen gespielt werden, so daß Gerd sich für seine Gruppe wichtig erfährt.	4. Bei der Auswahl der Spiele will ich darauf achten, eher Spiele zu nehmen, die Gerd nicht überfordern. 13. Mir fallen Spiele aus den »new games« ein (vgl. Literatur). Sie erfüllen die genannten Zielvorstellungen. Z. B.: – ein Leintuch spannen, Münze oder Ball rollen* – Riesenraupe* usw. Am Ende der Spielstunde kann ich (wenn es günstig ist) auf die Erfahrung hinweisen, daß heute niemand verloren hat. 16. Der gemeinsame Sieg kann in einem Spiel gefeiert werden: Alle Kinder bauen aus sich selbst ein lebendiges Siegesdenkmal: möglichst wenig Füße dürfen dabei den Boden berühren, wenn das Denkmal steht.
Medien	18. Bleistifte, Papier, ein Begriff.	17. Leintuch, Ball, Münze usw.

* Vgl. vorige Seite

Linksdrehung sich auf den Rücken zu drehen und wieder weiter auf den Bauch, usw. Durch die Bewegung wird der »Ballast« weiterbefördert und schließlich am Ende der Raupe abgestoßen. Das nächste Kind darf nun Ballast sein.

Zweites Beispiel

Situation und Bedingungsrahmen:

Es handelt sich um einen Elternabend im Kindergarten. Vierteljährlich wird ein solcher Abend angeboten, die Eltern bestimmen die Themen. Der Raum, in dem das Treffen stattfindet, ist groß und gemütlich. Es werden Getränke angeboten.

Fünf solcher Abende sind dem heutigen schon vorausgegangen, meist sind dieselben Personen anwesend. Es handelt sich um eine Gruppe von etwa 20 Eltern.

Die Kindergartenleiterin hat die Rahmenleitung des Abends. Zusätzlich ist jeweils ein Referent (im folgenden: ich) eingeladen, der den inhaltlichen Teil gestaltet.

Dieses Mal geht es um das Thema »Strafe«.

Weil die Gedanken zur folgenden Arbeitseinheit in einer »Denk-sprache« – also in ganzen Sätzen, wie »laut gedacht« – festgehalten werden, reicht der Platz nicht aus, alle nötigen Überlegungen anzustellen. Vor allem fehlen inhaltliche gründliche Überlegungen, die eigene Auseinandersetzung mit dem Thema »Strafe«, die vor einem solchen Abend nötig wären.

Aber es geht bei dieser Darstellung ja nicht um den Inhalt dieser Arbeitseinheit, sondern um die Demonstration, wie der Raster zur Sammlung von Gedanken und zur Vorbereitung einer Arbeitseinheit/Gruppenstunde eingesetzt werden kann.

Bei diesem durch Dimensionen und Planungsfaktoren gelenkten »Brainstorming« (vgl. S. 183) ist deutlich geworden, daß der Eintrag in einem Bereich häufig für mehrere gilt und es auch gar nicht so wichtig ist, ob er genau an der richtigen Stelle sitzt. Eine solche Denkart würde das freie Spiel der Gedanken unterbrechen und dem Sinn des Modells, vor allem auch der TZI, zuwiderlaufen. Es geht um Erweiterung von

Wahrnehmung und Bewußtsein und nicht um Festlegung und Perfektion.

Nachdem die spontane Sammelphase abgeschlossen ist, kann ich mir noch einige fehlende Punkte systematischer überlegen:

- Wie kann ich zum Mitdenken und Mitsprechen ermuntern?
- Welche Inhalte bzw. Aussagen über »Strafe« sind für mich wichtig und wie will ich sie einbringen?
- Traue ich mir ein freies, sich entwickelndes Gespräch mit diesem Thema zu, oder fühle ich mich sicherer mit einigen vorformulierten Impulsen? usw.

Ich kann nun auswählen und entscheiden, wie ich den Abend im einzelnen gestalten will, wieviel ich vorplanen und wieviel ich offenlassen möchte.

Eine *Planung für den Elternabend* kann nun beispielsweise so aussehen:

* Anknüpfen an den gemeinsam erlebten Spielabend, eventuell nach Auswirkungen davon fragen; Aufgreifen der Situation, daß manche Teilnehmer an diesem Abend nicht dabei waren, aber durch die Erzählung einen Anschluß bekommen können.
* Die neu Dazugekommenen eigens ansprechen und eventuell ihre Situation benennen (z. B.: das erste Mal hier sein, Orientierung brauchen usw.).
* Anknüpfen ans Thema und Verbindung vom Thema zu den einzelnen Personen schaffen: aussprechen von vermuteten Gefühlen, die das Thema auslösen kann; nennen, was es bei mir selbst auslöst; jeder hat Erfahrung mit diesem Thema; jeder ist in seiner Weise »Fachmann«, weil er mehr oder weniger bewußt sich bisher für bestimmte Verhaltensweisen entschieden hat; usw.
* Hier kann ich meine eigene Rolle für den Abend klären: Als was verstehe ich mich?
* Hier (oder später) können Hinweise auf die Art des Gesprächs miteinander gegeben werden:

Gedanken zu einem Elternabend im Kindergarten   Thema: Strafe

	ICH / jeder einzelne	WIR / das Zusammen der Gruppe	Sache / Thema
Voraussetzungen	1. Ich wurde als Referent eingeladen; ich kenne die Gruppe, weil ich mit ihr schon das Thema »Spiel« gestaltet habe. 8. Jeder einzelne hat Wissen und Erfahrungen zu dem Thema. Jeder kann beisteuern. 11. Das kann auch angst machen.	2. Die meisten Teilnehmer kennen mich. Der Spielabend war sehr lustig und unterhaltend. Daher werden mir die Teilnehmer nicht fremd gegenüberstehen. Einige werden neu dabeisein. 7. Vielleicht erwarten die Eltern einen Vortrag, wo sie nur zuhören können und ein Fachmann sagt, was zu tun ist.	4. Für das Thema ist die Bekanntheit eher günstig. Ich vermute, es weckt bei den Teilnehmern auch Ängste. Sie werden vielleicht vorsichtig sein in Aussagen, um sich in ihren »Strafpraktiken« nicht bloßzustellen. Angst vor Korrektur. Es wird zum Thema auch sehr unterschiedliche Auffassungen geben. Es besteht die Möglichkeit, daß einige unbedingt »recht« haben wollen. Es ist ein Thema, das Emotionen weckt.
Ziele	5. Ein Ziel ist für mich, das Thema nicht abstrakt zu behandeln, sondern es »in jedem« festzumachen. *Mein* Verhalten und seine Gründe. Ziel: Reflexion und Überprüfung eigenen Verhaltens. 10. Sich bewußt werden, welche Arten »Strafe« ich selbst früher erlebt habe; hängt meine heutige Auffassung damit zusammen? 13. Hauptziel: über das eigene »spontane« Verhalten nachdenken und seine Wirkung überdenken, evtl. Umentscheidung für ein Verhalten, mit dessen Wirkung ich einverstanden bin. 18. Jeder soll erkennen, daß für sich selbst er der Fachmann ist. Seine Entscheidung!	7. – das *gemeinsame* Nachdenken anregen, denn – 15. Wichtig ist mir vor allem, daß die Eltern untereinander in ein offenes Gespräch kommen, wo nicht einer den anderen abwertet, sondern Interesse für die jeweiligen Vorgehensweisen und ihre Gründe entsteht. Das würde helfen für spätere Gesprächssituationen – auch zu Hause. 19. Wir können voneinander lernen – das wäre eine gute Erfahrung des Abends.	9. Zur Erkenntnis kommen: es gibt bei diesem Thema nicht *eine* richtige Lösung. Entscheidung ist nötig. 14. Auch die »Wirkungen« können hinterfragt werden, z. B.: Ist »Gehorsam« (an sich) schon sinnvoll?
Inhalt	21. Wann fühle ich mich gestraft?		20. »Strafe« ist kein isoliertes Verhalten, es hängt zusammen mit dem ganzen Verhalten der Eltern gegenüber Kindern (– Teil

Methoden	12. Darauf achten, daß es nicht um eine nachträgliche Abwertung der Eltern geht. Sie haben *ihren* Weg gewählt. Wir können heute unseren wählen.	3. Ich will darauf achten, die neu Dazugekommenen einzubeziehen und Gespräch unter allen anzuregen. Ich kann die Gruppe auch auf die Situation hinweisen, daß »Neue« und »Alte« da sind, und dies in die Verantwortung aller geben. 6. Ich kann anknüpfen, daß wir schon ein wenig vertraut sind; daß das Thema vielleicht strittig und schwierig ist, aber auch spannend; jeder ist betroffen. Jeder versucht, täglich das zu tun, was er für richtig hält. Ich will deutlich machen, daß ich in der gleichen Situation bin, suche – aber keine Rezepte für »richtig« geben kann. Ziel nennen (7). 16. Mein Verhalten im Gespräch muß akzeptierend, interessiert und nachfragend sein. Ich will bei Gelegenheiten Gesprächsregeln (vgl. TZI) einbringen. 23. Offener Stuhlkreis, um beweglicher zu sein zur Bildung von Untergruppen und zur Erleichterung des Gespräches (Signalwirkung).	Gefühlen ist Strafe verbunden auf beiden Seiten? – Macht und Ohnmacht: wer darf überhaupt wen strafen? (Eltern → Kinder oder auch umgekehrt?) – Arten von Strafe. Was alles ist Strafe? (→ 21) 22. In Untergruppen könnten Fragen bearbeitet werden. – Angefangene Sätze könnten emotional betroffen machen (anonyme Auswertung). – Assoziationen zum Wort »Strafe« können ausgetauscht werden.
Medien			24. Angefangene Sätze (vorbereitet), Bleistifte; große Papierbogen, Filzschreiber, um wichtige Punkte sichtbar notieren zu können.

- Zuhören, vom anderen lernen, Bewertung aufschieben, den anderen in seinem Zusammenhang verstehen.
- Mich selbst darstellen und meinen Zusammenhang erklären, was finde ich heute richtig, welche Fragen stelle ich mir? (Ich-Botschaften) usw.

* Aufforderung zur Gruppenbildung: Die Teilnehmer rücken in kleinen Gruppen ein wenig zusammen (vgl. Summgruppen, S. 199) und tauschen Gedanken aus:
  - Was fällt mir ein bei dem Wort »Strafe«?
  - Was ist das für ein Thema für mich – angenehm, schwer . . . (10 Minuten).
* Kurze Mitteilungen im Plenum:
  - Was ist mir besonders aufgefallen, deutlich geworden, usw. (*kein* Gruppenbericht).
    Stichworte werden an einer Wandzeitung festgehalten.
* Zusammenfassungen durch den Referenten, Weiterführung des Themas durch einige Fragen, Fallbeispiele, kurze Impulse; usw.

5.3. Zusammenfassung

Wozu kann dieses »Kooperationsmodell« beitragen?

Der Raster kann helfen, einerseits die wichtigen Dimensionen »Ich-Wir-Sache« für eine Arbeit mit Gruppen bei der Planung, Vorbereitung und nachträglichen Reflexion deutlich im Blick zu haben und andererseits ihre Bezogenheit auf die Planungsfaktoren (Voraussetzungen, Ziele . . . usw.) zu erkennen.

Wenn ich mit Hilfe dieses Modells plane, habe ich Frage- und Denkkategorien vor mir, so daß meine Wahrnehmung erweitert wird und meine Entscheidungen bewußter werden. Das Modell dient in der Phase der assoziativen Sammlung von Gedanken und Ideen der Erweiterung der eigenen Vorstellungen und dem Bewußtmachen von Situationen.

Auf keinen Fall geht es hier darum, daß jedes Feld bei jeder Planung berücksichtigt und krampfhaft gefüllt werden sollte. Die Forderung der TZI ist, die Faktoren »Ich-Wir-Sache« in einem *dynamischen* Gleichgewicht zu berücksichtigen, d. h., daß je nach Situation und Aufgabe eine Dimension vorrangig und die anderen nur am Rand berührt sein werden. Genauso wichtig ist noch einmal der Hinweis, daß häufig durch *eine* Entscheidung verschiedene Felder berührt sind, was im Bild durch die unterbrochenen Linien angezeigt wird.

Letztlich wird das Modell überflüssig, wenn ich die Dimensionen und Planungsfaktoren verinnerlicht habe, so daß sie mir beim Planen und in aktuellen Situationen in Gruppen frei zur Verfügung stehen. Der Raster ist somit vor allem ein Lern- und Übungsinstrument.

5.4. Umsetzung des Modells in Fragestellungen
– *Welche Fragen kann ich mir stellen?* –

Wenn ich als Leiter ein Treffen vorbereite, werde ich mir also vorher Fragen stellen, die mir helfen, die Felder (Faktoren/Dimensionen) zu erschließen. Beispielhaft stelle ich einige Fragen zusammen, die ich mir stellen *kann,* aber nicht muß. Diese Fragen müssen jeweils verstanden und bezogen werden auf die gerade aktuelle Situation und das augenblickliche Programm. Sie werden hier in einer Reihenfolge aufgeschrieben, weil es eine andere Darstellungsform nicht gibt, stehen aber in der konkreten Arbeit eher nebeneinander und greifen ineinander (vgl. Bild Berliner Modell).

Voraussetzungen: – bezogen auf die Dimensionen Ich-Wir-Sache

- Wie ist die Situation des einzelnen in der Gruppe, hat das für die anderen in der Gruppe oder für das geplante Programm (Sache) eine Bedeutung?
- Welche Vorerfahrungen, bezogen auf die Sache, welche Einstellungen untereinander vermute ich oder weiß ich? Welche Gefühle, Vorlieben, Ablehnungen . . .

- Wie ist das Verhältnis der (einzelner) Mitglieder untereinander und wie zum Leiter? Wer ist zur Zeit sehr einflußreich, und in welcher Richtung? Hat das für diese Situation/dieses Treffen eine Bedeutung?
- Was braucht die Gruppe/der einzelne im Augenblick meiner Meinung nach am meisten?
- Wie stehen einzelne/die Gruppe vermutlich zum Programm? Ist es selbst gewünscht, geduldet, aufgezwungen? . . .
- Was ist vorausgegangen? Gibt es Zusammenhänge dieses Programms mit anderen? Wo kann angeknüpft werden?
- Wie stehe ich als Gruppenleiter zu einzelnen Teilnehmern, zur Gruppe? Wie stehe ich in der Gruppe?
- Was traue ich mir zu, wovor (vor wem) habe ich eher Angst? Was kann ich gut, was weniger? (bezogen auf die folgenden Ziele, Inhalte . . .).
- Was sind meine Einstellungen und Vorerfahrungen? Welche anderen Meinungen kann ich ertragen bzw. schwer ertragen? . . .
- Welches Verständnis von meiner Leiterrolle habe ich? Welches Verständnis davon haben vermutlich die Teilnehmer?

Ziele/Ich-Wir-Sache

- Welche Ziele/Anliegen habe ich für einzelne Teilnehmer, für die Gruppe und für das Thema?
- Woher kommen diese Ziele und Anliegen? Wie begründen sie sich? Wie hängen sie zusammen mit dem Bedingungsrahmen und den Voraussetzungen?
- Was möchten die Teilnehmer? Sind unsere Ziele und Absichten abgesprochen und stimmen sie überein?
- Legen die gewählten oder vorgegebenen Inhalte (Sache) bestimmte Ziele nahe?
- Stimmen die Ziele mit den Methoden- und Medienentscheidungen überein?

Inhalte/Ich-Wir-Sache

- Um welche Sache, um welchen Inhalt geht es? Wie kommt er zustande?
- Wie schlüsselt sich der Inhalt auf? Was ist seine Sachstruktur? Welche Informationen sind wichtig, welches Wissen, welche Erfahrungen?
- Wie trifft der Inhalt auf die Voraussetzungen der Teilnehmer und des Leiters? Wo gibt es Berührungspunkte mit der Lebenserfahrung der Beteiligten? Welche Anknüpfungen sind möglich?
- Kann der Inhalt beitragen zur Aufhellung oder Reflexion des Zusammenlebens und -arbeitens in der Gruppe?
- Wie hängt der Inhalt zusammen mit den anderen Entscheidungsfaktoren (Ziele, Methoden, Medien)?

Methoden/Ich-Wir-Sache

- Wie können Ziele und Inhalte den Beteiligten (Teilnehmer und Leiter) zugänglich und erfahrbar gemacht werden?
- Welche Schritte sind möglich? (Strukturierung, Untergliederung, Vorgaben, Beispiele, Unterlagen ...).
  Welcher Weg erreicht die beteiligten Personen?
  Welche Anknüpfung ist hilfreich?
- Welche Ziele werden durch die Wahl der Methode impliziert, welche Erkenntnisse, Erfahrungen? ... (vgl. S. 182).
- Wie passen die Methodenentscheidungen zu den Voraussetzungen des Leiters/der Gruppe (Fähigkeiten, Vorlieben, Ängste ...)?

Medien/Ich-Wir-Sache

- Welche Medien/Materialien sind nötig, um die Methoden durchführen zu können?
- Welche Ziele implizieren diese Medien?
- Wie passen die Methoden zu den Voraussetzungen?

usw.

6. *Planung und Flexibilität*

Der Begriff der Planung kann ganz unterschiedlich aufgefaßt werden. Die einen benützen ihn, um ihre im Alleingang für andere getroffenen Entscheidungen zu rechtfertigen und durchzusetzen und um starr ihre eigenen Wege verfolgen zu können, ohne sich um Meinungen und Bedürfnisse anderer zu kümmern. Von daher begründet sich auch das berechtigte Mißtrauen vieler gegenüber einer Planung von Gruppenprogrammen. So verstanden, ist der Begriff der Planung nicht mit den Axiomen der TZI vereinbar, und wenn in diesem Buch von »Planung« die Rede ist, steht dahinter ein anderer Sinnzusammenhang.

Sinn von Planung (Vorbereitung und Reflexion von Gruppenprogrammen) ist es, mit mehr Bewußtheit zu leben: Ich mache mir klar, wovon ich ausgehe; ich versuche, mich und die Situationen realistisch einzuschätzen; ich nehme mich und andere bewußt wahr; ich gehe offen damit um, aufgrund welcher Bedingungen ich mich so entscheide und verhalte; ich werde mir klar über meine Ziele und Wege; usw.

Im Gegensatz zu diesem Vorgehen steht das ungeplante, zufällige, aus verschiedenen Gefühlen, Interessen und Impulsen heraus »einfach gewordene« Vorgehen. Ich kenne die Zusammenhänge nicht; ich re-agiere.

Im ersten Fall bin ich der »Chairman« (= der Leiter meiner selbst), der vor sich selbst und anderen gegenüber vertritt, was er denkt und tut, und für den »jede Situation ein Angebot für seine Entscheidung« ist.

Im zweiten Fall bin ich – im Extremfall – ein »Blatt im Wind«. Planung im Sinn von »mit mehr Bewußtheit leben« ist also kein Gegensatz zu Flexibilität und Situations- und Personenorientierung, sondern dient ihr, weil erst die Bewußtheit meiner Situation, meiner Gefühle, Interessen und Ziele mich befähigt, mich situations- und personengerecht um-zuentscheiden. Es geht ja um Autonomie im Bewußtsein der Interdependenz: Neue Wahrnehmungen und Begegnungen mit anderen Meinungen und Sichtweisen verändern, wovon ich ausgegangen bin, und sind neue Quellen für Entscheidung unter Berücksichtigung dieser Gegebenheiten.

So verstehe ich Planung/bewußte Entscheidung geradezu als Voraussetzung für Flexibilität und Offenheit: Je sicherer ich meiner selbst bin, meiner Gedanken, Bedürfnisse, Interessen und Gefühle, desto klarer kann ich Situationen wahrnehmen, desto freier werde ich sein im Handeln. Ich höre dann auf, alles zu vermischen: meine (unbewußten) Wünsche und Interessen und die anderer; meine Gefühle und die der anderen; die Inhalts- und die Beziehungsebene, usw.

So verstanden ist Planung allerdings immer nur »vorläufig«; sie gilt so lange, bis neue Informationen und Situationen eine neue Entscheidung nötig machen.

Dabei bleibt die Schwierigkeit bestehen (und von daher begründet sich auch die Forderung nach ständiger Entscheidung), daß das Abwägen immer in einer Spannung geschieht:

* Wann sind mir meine Interessen und Bedürfnisse sehr wichtig – wann kann ich mich auf die anderer einlassen?
* Wie finden wir einen Weg, den alle mitgehen können?
* Wann halte ich an einer Bedingung fest – wann kann ich Bedingungen verhandeln?
* Wann bin ich offen – wo brauche ich eine klare Abgrenzung und das Festhalten am Widerstand einem anderen gegenüber?

Meine Autonomie, meine Entscheidung und mein Wachstum sind wichtig – und die der anderen Menschen.

Beides ist eine Sackgasse: meine Autonomie über die des anderen zu setzen *und* keine Autonomie und keinen Willen zu haben.

7. Zusammenfassende Gedanken

O *Zur Vorbereitung und Planung*

Vorbereitung und Planung eines Programmes heißt für einen Leiter je nach Situation und Gruppe etwas ganz Unterschiedliches. Sie reicht

von: ins Gedächtnis rufen, wie die eigene Situation und die der Gruppe ist; sich innerlich auf das Treffen einstellen, um ungeteilt und aufmerksam dabeisein und mitarbeiten zu können;

bis: möglichst genaue Festlegung von Zielen und Inhalten mit den einzelnen Schritten des Stundenverlaufs.

Wie dies im einzelnen aussieht, kann nicht allgemeingültig entschieden werden. Es hängt von vielen Faktoren ab, die der Einschätzung und Entscheidung des jeweiligen Leiters und der Gruppe bedürfen: Zeit der Vorbereitung, Zeit des Treffens, Verständnis der Leiterrolle, Abmachungen, Auftrag, persönliche Vorlieben und Fähigkeiten von Leiter und

Gruppenteilnehmern, vorgegebene oder vereinbarte Ziele, Entwicklungsstand der Gruppe, usw.

Jedoch für alle Situationen gilt, daß es der Sinn von Planung ist, sich der jeweiligen Bedingungen bewußt zu werden und zu entscheiden, was, wie und warum etwas so getan wird.

Planung gibt keine Garantie für einen guten Verlauf eines Treffens, aber sie kann eine Unterstützung sein für einen offenen Umgang mit eigenen Vorüberlegungen (Interessen, Zielen, Wünschen . . .) und das Eingehen auf aktuelle Situationen und auf Personen.

O *Zur Gestaltung und Durchführung*

Hinweise und Prinzipien

* Eine klare und auf wesentliche Punkte beschränkte Zielsetzung ist besser als viele diffuse und undurchsichtige Ziele.

* Wenn wenig Zeit zur Verfügung ist, ist die Planung von Schritten bzw. eine Strukturierung des Ablaufs besonders wichtig.

* Vorausplanungen von seiten des Leiters sollten nach Möglichkeit der Gruppe gegenüber durchsichtig gemacht werden (durch Nennen oder auch durch Plakatanschrift). Die Gruppenmitglieder können dann einzelne Schritte leichter miteinander in Verbindung bringen, sie sind aktiver beteiligt am Vorgehen, weil sie einen »roten Faden« verfolgen können; sie sind nicht ständig damit beschäftigt, die Gedanken oder Schritte des Leiters erahnen oder ertasten zu müssen. Dadurch sind Gedankengänge besser nachzuvollziehen und einzuordnen in die eigene Gedankenwelt; Denken, Aufnehmen und Lernen werden wesentlich erleichtert.

  Ganz abgesehen davon ist die Offenlegung der Planung und ihrer Hintergründe ein Gebot partnerschaftlicher Gruppenarbeit (vgl. Teil II).

Es gibt auch Situationen, in denen das Nennen der Ziele oder Schritte nicht sinnvoll wäre, weil Spannung und Spaß verlorengingen. Z. B. Spielnachmittag, Fest, Gesprächsrunde mit einem provokativen Einstieg, usw.

* Es gibt mögliche Stufen im Aufbau einer Arbeitseinheit/ eines Treffens/einer Gruppenstunde, deren Beachtung hilfreich sein kann:

- Kontakt und Beziehung zwischen den Beteiligten herstellen.
- Verbindung schaffen zum Vergangenen; Anknüpfen an (gemeinsame) Erfahrungen.
- Anliegen, Ziele und Vorüberlegungen nennen; geplante Schritte darstellen.
- Motivation schaffen bzw. verstärken, z. B. durch anknüpfen, herausfordern, beschreiben der persönlichen Betroffenheit, Widersprüche herausstellen, usw.
- Erarbeiten eines Inhalts (oder Teilinhalts): darstellen, Fragen bearbeiten, Gruppenarbeit usw. Die Fragen oder Inhalte sollen möglichst in Verbindung mit den Erfahrungen der Teilnehmer stehen.
- Zusammenfassen; Feststellen von »Ergebnissen«.
- Ankündigen und Motivieren zum nächsten Schritt;

usw.

* Es ist wichtig, daß der Leiter für sich selbst oder mit der Gruppe zusammen das Verständnis von der Leiterrolle erklärt: Gesprächspartner oder Fachmann; Informant oder Koordinator; Animateur oder Lehrer; usw.
Eine Nicht-Übereinstimmung oder Unklarheit im Rollenverständnis erschwert die Zusammenarbeit.
* Eine genaue Vorbereitung widerspricht nicht der Flexibilität und der Beachtung aktueller Wünsche und Bedürfnisse einer Teilnehmergruppe. Sie ermöglicht das eher, wenn sie in diesem Bewußtsein getroffen wird.
Allerdings setzt Flexibilität Sicherheit voraus. Wenn ein Leiter der Sache oder der Gruppe oder beiden gegenüber sehr unsicher ist, hilft er sich wahrscheinlich mehr, wenn er sich an einen Rahmen hält und ihn nicht zu schnell aufgibt. Er kann dies einer Gruppe gegenüber eventuell auch offen darlegen.

○ *Zum Lernen von Menschen*

Bei der Arbeit mit Gruppen geht es immer um »Lernen«; Lernen wird hier verstanden als Weiterentwickeln von Fähigkeiten und Fertigkeiten, als Zugewinn von Wissen und Einsicht, als Auseinandersetzung mit Meinungen und Werten, usw.

Deshalb ist es sinnvoll, danach zu fragen, wie »Lernen« von Menschen erleichtert werden kann. In kurzen Thesen möchte ich einige Punkte herausstellen, die in Verbindung stehen mit dem Thema »Planung und Durchführung«. Einige Überlegungen zum Leiterverhalten werden jeweils angeschlossen.

* Ich lerne bzw. setze mich vor allem dann mit Inhalten oder Sachen auseinander, wenn diese einen Bezug haben zu meiner eigenen Person, zu meinen Erfahrungen und zu meinen Fragen. Was in mir nichts »anrührt«, erreicht mich auch nicht.

Der Leiter erleichtert Lernen,

- wenn er versucht, zu einem Thema oder einer Sache Fragen zu wecken oder zu nennen, bevor er Antworten herausarbeitet. Nur wer Fragen hat, möchte wirklich Antworten hören: Wenn mir zu einer Sache nichts »frag-lich« ist, habe ich an Ausführungen wenig Interesse;
- wenn er anknüpft an den gewußten oder vermuteten Erfahrungen der Teilnehmer. Dann wird spürbar, daß es nicht um abstrakte Reflexionen geht, sondern um das Leben der Beteiligten.
  Beispiel:
  Nicht: »Strafe in der Pädagogik heute.«
  Sondern: »Strafe, wie ich sie kenne oder erlebe«;
- wenn er die augenblickliche Situation wahrnehmen und einbeziehen kann. Auch dadurch wird spürbar, daß es um die Situation »hier und jetzt« geht und um die anwesenden Menschen.
  Beispiel:
  »Ich habe mich während der ganzen letzten Woche immer wieder in dieses Thema hineingedacht und bin deshalb schon sehr darauf eingestellt. Sie kommen aus ganz unterschiedlichen Situationen hierher und sind vielleicht noch mit ganz anderen Fragen beschäftigt;«
- wenn er »provozierende«, aufrüttelnde Informationen gibt, die das Leben der Teilnehmer zu der »geplanten Sache« betreffen und ihr Interesse wecken.

* Lernen geschieht am ehesten, wenn ich selbst aktiv beteiligt bin und etwas beitragen oder tun kann, wenn ich selbst etwas entdecken kann. Dann nehmen außer meinen Gedanken auch meine Gefühle, meine Sprache, meine Hände ... am Lernprozeß teil, und er wird tiefer und dauerhafter. (Ganzheitliches Lernen.) Um aktives und betroffenes Lernen zu unterstützen, gibt es viele teilnehmeraktivierende Methoden (vgl. Teil V).

Der Leiter erleichtert Lernen,
- wenn er Raum läßt zum Mitreden, Mitdenken, zur eigenen Meinungsbildung, zum Erarbeiten und Ausprobieren;
  Beispiel:
  Kurze Einzelarbeit, Denkpausen, einen Gedanken für sich selbst aufschreiben, Murmelphasen, Kleingruppenarbeit, Fragen sammeln ...;
- wenn er auf die Aktivität der Teilnehmer auch warten kann und entstehende Pausen aushält;
- wenn er an den Gedanken und an der Mitarbeit der Teilnehmer *wirklich* interessiert ist und nicht nur so tut, als ob er das wäre.

* Gut »gelernt« wird dann, wenn die Beziehungen der Teilnehmer untereinander und die Beziehungen zwischen Leiter und Teilnehmern möglichst direkt, persönlich und vertrauensvoll sind.

Der Leiter erleichtert Lernen,
- wenn er sich selbst konkret und direkt ausdrückt und sich bemüht, seine Gedanken und Gefühle immer wieder durchsichtig zu machen;
- wenn er seine Anliegen und Ziele nennt und seine Pläne offenlegt;
- wenn er in vielfacher Weise Kontakt aufnimmt mit den Mitgliedern: sie anschaut, nachfragt, auf ihre Reaktionen eingeht, usw.

* Lernen wird erleichtert in einem ermutigenden Klima, wo nicht jede Verhaltensweise gewertet und verglichen wird und wo offen mit der Verschiedenartigkeit der Menschen umgegangen wird.

Der Leiter erleichtert Lernen,
- wenn er sich selbst nicht ständig angegriffen fühlt, weil jemand anders denkt als er;

- wenn er zum Ausdrücken von unterschiedlichen Gedanken und Meinungen ermutigt und Unterstützung gibt bei der Suche nach notwendigen Einigungen;
- wenn er selbst durch sein Verhalten Respekt vor der Andersartigkeit von Menschen zeigt.

Nicht in erster Linie durch Anweisung oder Unterrichtung anderer, wie »richtiges Verhalten« sei, geschieht also Veränderung und Lernen – sondern durch das beispielhafte Verhalten von Menschen, an denen ablesbar ist, was sie selbst für richtig halten, und in deren Umgebung man sich wohl fühlt (Modell-Lernen vgl. S. 134).

An das Ende dieses vierten Teils »Planung« möchte ich das folgende Märchen stellen*:

Die Perle

Der Gelbe Kaiser reiste nordwärts vom Roten See, bestieg den Berg Kun-lun und schaute gegen Süden. Auf der Heimfahrt verlor er seine Zauberperle. Er sandte Wissen aus, sie zu suchen, aber es fand sie nicht. Er sandte Klarsicht aus, sie zu suchen, aber sie fand sie nicht. Er sandte Redegewalt aus, sie zu suchen, aber sie fand sie nicht. Endlich sandte er Absichtslos aus, und es fand sie. »Seltsam fürwahr«, sprach der Kaiser, »daß Absichtslos sie zu finden vermocht hat.«

* Aus: Reden und Gleichnisse des Tschuang-Tse, Insel Taschenbuch 205.

Teil V

Methoden der Gruppenarbeit – Wege zur Aktivierung und Beteiligung der Gruppenmitglieder

Eigenständigkeit und Gemeinschaftsfähigkeit wachsen durch Erfahrungen, die ich mit Eigenständig-Sein und In-Gemeinschaft-Leben machen kann. So beschreiben diese beiden Begriffe einerseits ein Ziel der Gruppenarbeit, andererseits auch den Weg, auf dem dieses Ziel immer mehr erreicht wird.

- Ich werde autonom, indem ich in konkreten Situationen lerne, zu mir zu stehen, für mich zu sprechen, meine Gedanken und Gefühle zu kennen und zu spüren, meine Anliegen anderen gegenüber zu vertreten, usw.
- Ich werde gemeinschaftsfähig (im Sinne des bewußten Umgangs mit der Interdependenz), indem ich mit anderen zusammenlebe und -arbeite; ihre Anliegen den meinen gegenüberstelle; mich auf den Weg einlasse, zu Lösungen zu kommen, die für uns alle akzeptabel sind; indem ich akzeptieren lerne, daß es für manche Situationen oder Probleme keine »glatten« Lösungen gibt, usw.

In der Gruppenarbeit sollte also Raum und Gelegenheit geboten werden, dies zu üben und zu lernen. Das geht nur über den Weg der Aktivierung der Gruppenmitglieder und über ihre eigenständige Beteiligung an der Gestaltung der Gruppenarbeit.

In diesem letzten Teil will ich deshalb beispielhaft einige »teilnehmer-aktivierende Methoden« zusammenstellen. »Methode« wird hier verstanden als Weg, Schritt oder Anstoß, etwas in Gang zu bringen. Das Ziel heißt grundsätzlich, die Gruppenmitglieder aktiver in Arbeit und Prozeß einzubeziehen, um ihre Entwicklung im oben beschriebenen Sinn zu fördern.

1. *Methoden und ihr Zusammenhang*

Die Methoden-Beispiele hier sind unter den Kriterien der Einfachheit und Durchführbarkeit ausgewählt. Das bedeutet:
* Sie brauchen keine aufwendige Vorbereitung;
* ihre Durchführung ist nicht kompliziert;
* es ist nur wenig oder leicht beschaffbares Material nötig;
* sie können für unterschiedliche Themen und Erfahrungsbereiche variiert und eingesetzt werden;
* auch ein eher unerfahrener Leiter kann mit ihnen umgehen.

Dem zuletzt genannten Kriterium möchte ich noch eine Ergänzung anfügen, die zurückgreift auf das »Berliner Modell« (Teil IV). Dort wurde der Zusammenhang der Voraussetzungen aller Beteiligten und der Wahl der Methode aufgezeigt. Ich will ihn an dieser Stelle noch einmal verdeutlichen.

Wenn ein Leiter sich für eine Methode entscheidet, auch wenn sie, wie eben beschrieben, eine »einfache« Methode ist, sollte er sich jeweils neu fragen:
* Wie entspricht diese Methode den Voraussetzungen der Teilnehmergruppe bzw. der einzelnen Teilnehmer? Hilft und fördert sie – bzw. könnte sie für jemanden einengend, überfordernd sein?
* Wie entspricht die Methode meinen Voraussetzungen als Leiter? Traue ich mir die Anleitung zu? Bin ich überzeugt, daß diese Methode dem gesteckten Ziel dient? Überfordere ich mich? Werden die Teilnehmer diese Methodenwahl von mir akzeptieren können?

Diese Überlegungen sind sehr wichtig, weil eben nicht automatisch jeder Weg zu einem bestimmten Ziel führt, sondern nur *der Weg*, der dem Ausgangspunkt und der Ausgangssituation der Weggefährten entspricht.

Das ist auch in anderen Bereichen so.

Beispiel:
Wenn eine Gruppe ein Wanderziel erreichen will, dann muß sie sich den Ausgangspunkt und die Fähigkeiten der beteiligten Mitwanderer überlegen, um den Weg wählen zu können, der den Voraussetzungen am besten entspricht.

Das bedeutet, auf die Frage der Methodenwahl übertragen: Methodenentscheidungen müssen mit den Voraussetzungen (Teilnehmer und Leiter) korrespondieren, sonst ist das gewünschte Ziel nicht erreichbar.

Mit diesem Hinweis möchte ich für eine sorgfältige Auswahl von Methoden plädieren. Wer Methoden einsetzt, sollte ihre möglichen Wirkungen, ihre Voraussetzungs- und Zielperspektiven kennen. Sonst besteht die Gefahr, daß Gruppen aus Unkenntnis oder auch Effekthascherei ihrer Leiter durch deren methodische Entscheidungen in Prozesse gezogen werden, die sie nicht bearbeiten können, oder daß einzelne Teilnehmer mit Problemen konfrontiert werden, ohne daß jemand da wäre, der genügend Sicherheit und Hilfe bei der Aufarbeitung geben könnte.

Deshalb gehört gerade zu diesem Teil der didaktischen Arbeit die verantwortende Entscheidung des Leiters.

2. *Beispiele von Methoden und Reflexion ihrer Anwendung*

Einige Methoden möchte ich beispielhaft ausführlich beschreiben und reflektieren. Der Raster der Reflexion kann auf die anderen, nur kurz skizzierten Methoden übertragen werden. Ich habe hier Beispiele ausgewählt, die in unterschiedlicher Weise und Stärke die Dimensionen »Ich-Wir-Sache« berühren und entfalten. Eine Methodenreflexion unter diesen Gesichtspunkten ist wichtig, wenn ich den Anspruch ernst nehme, bei der Arbeit mit Gruppen diese Faktoren in einem dynamischen Gleichgewicht zu berücksichtigen.

2.1. Raster zur Methodenreflexion

(1) Beispiel/Situation des Einsatzes der Methode.

(2) Beschreibung der Methode.

(3) Welche Ziele können durch diese Methode erreicht werden? Welche Dimensionen (Ich-Wir-Sache) werden vorrangig berührt?

Die Frage bedeutet auch:

Welche Ziele liegen schon »in der Methode selbst«? D. h.: Jede Methode hat Wirkungen, unabhängig davon, in welchem Zusammenhang oder mit welchem Themenbezug sie in der Gruppe eingesetzt wird. Deshalb sollten die »in der Methode selbst liegenden« Ziele korrespondieren mit den Zielen, die für eine bestimmte Situation oder für die Bearbeitung eines spezifischen Themas angestrebt sind.

Beispiele:
Eine Meditation hat den Sinn, Menschen intensiv mit sich oder einer Sache in Verbindung zu bringen und ein ganzheitliches Begreifen zu ermöglichen. Sie führt in die Tiefe der Person.

Deshalb ist Meditation wohl nicht der richtige Weg, wenn es um Klärung von Sachzusammenhängen geht, wie z. B. »Ursachen der Jugendarbeitslosigkeit«.

Oder:
Wenn kleine Kinder *begreifen* sollen, was die Begriffe »hart« und »weich« bedeuten, brauche ich eine Methode, die »be-greifen« ermöglicht. Durch die Methode »Vortrag« wäre das sicher nicht gut möglich.

(4) Welche Voraussetzungen erfordert der Einsatz dieser Methode von den Teilnehmern und vom Leiter?

(5) Was sollte bei der Durchführung beachtet werden?

(6) Wie wird die Methode weitergeführt?

(7) Wann und wie kann die Methode sonst noch eingesetzt werden?

(8) Welches Material ist nötig?

Von den folgenden drei Beispielen spricht das erste vorrangig die Sach-Dimension an, das zweite mehr die Ich-Dimension, das dritte die Wir-Dimension. Vor allem aus der Zielbeschreibung wird jedoch deutlich, daß trotz der Vorrangigkeit einer Dimension die anderen mitberührt werden.

2.2. Brainstorming
(»Gehirn-Sturm«)

(1) *Beispiel für den Einsatz:*

Der Festausschuß einer Gemeinde plant ein Faschingsfest. Das Motto liegt schon fest: »Alte Zeiten!« Jetzt geht es um konkrete Programmüberlegungen.

(2) *Beschreibung der Methode:*

Eine Frage wird in den Raum gestellt, z. B.: »Was können wir unter dem Motto ›Alte Zeiten‹ alles anstellen?« Jetzt werden Einfälle zugerufen, so wie sie jedem in den Sinn kommen. Die Gedanken dürfen ganz verrückt und unsinnig sein, je bunter, desto besser. Jeder kann sich vom Zuruf der anderen anregen lassen zu neuen Ideen. Jemand schreibt alles auf Plakate oder hält die Ideen auf Tonband fest. Die Sammlung geschieht nach folgenden Spielregeln:

* klar begrenzte Zeit (10–20 Minuten);
* jeder darf alles sagen, was ihm einfällt; alles ist »richtig« und kann weiterhelfen. Es darf keinerlei Bewertung stattfinden; die Überprüfung der Ideen geschieht erst in einem nächsten Schritt;
* Unterbrechung des Brainstorming durch Zwischenbemerkungen oder Diskussion ist nicht erlaubt.

Nach der vereinbarten Zeit wird das Brainstorming abgestoppt.

(3) *Welche Ziele können durch diese Methode erreicht werden? Welche Dimensionen werden vorrangig berührt?*

* Das Brainstorming soll Phantasie anregen und kreative Ideen hervorlocken. Es ermöglicht einen freien Gedankenfluß, u. a. weil die Bewertung ausgeschaltet ist. Es lebt von der Trennung der assoziativen Sammlung von Ideen und der erst anschließenden Beurteilung und Überprüfung auf Brauchbarkeit. (Sache-Ich.)
* Es erleichtert eine Beteiligung ohne Angst, weil sicher jedem etwas einfällt, weil nichts bewertet wird, weil keine vollständigen und ausformulierten Gedankengänge verlangt werden und weil eine Gedankenäußerung im Fluß von vielen geschieht. (Ich-Sache.)
* Es erleichtert den Einstieg in ein Thema, indem es das Themenfeld anreißt, Gedanken und Fragen anregt und eine Vielfalt von Blickpunkten möglich macht. (Sache.)

(4) *Welche Voraussetzungen erfordert der Einsatz dieser Methode von den Teilnehmern und vom Leiter?*

Die Brainstorming-Beteiligten brauchen Konzentration und die Bereitschaft, sich auf ein Thema oder eine Frage einzustellen. Phantasie und »Witz« sind gute Beigaben.

(5) *Was sollte bei der Durchführung beachtet werden?*

Die Einhaltung von Spielregeln, vor allem die Trennung von Sammlung und Beurteilung.

(6) *Wie wird die Methode weitergeführt?*

Es gibt viele Möglichkeiten zur Weiterarbeit, nachdem die Brainstorming-Phase abgeschlossen ist, z. B.:

* In Gruppen werden die Gedanken/Ideen geordnet und wichtige Punkte herausgearbeitet.
* Im Plenum wird nach Eindrücken oder den einzelnen, wichtig erscheinenden Ergebnissen gefragt; an diesen Gedanken entlang wird das weitere Gespräch entwickelt.

* Das Brainstorming bleibt als Gedankenhintergrund stehen, und es wird mit vorbereiteten Fragen zum Thema weitergearbeitet oder ein Impulsreferat angeschlossen.

(7) *Wann und wie kann die Methode sonst noch eingesetzt werden?*

Die Methode kann (wie hier beschrieben) zum Ideen-Sammeln für die Lösung eines anstehenden Problems einer Frage genützt werden.

Sie kann aber auch in ganz kurzer Form als Stichwort- und Gedankensammlung zum Anreißen jedes Themas eingesetzt werden.

(8) *Welches Material ist nötig?*

Plakate, Filzstifte oder eine Wandtafel mit Kreide. (Plakate sind besser, weil sie aufbewahrt werden können.) Eventuell ein Kassettenrecorder oder Tonbandgerät.

2.3. Metapher-Meditation

(Metapher = bildhafter Vergleich)

(1) *Beispiel/Situation für den Einsatz:*

Eine Jugendgruppe nach den Sommerferien.

(2) *Beschreibung der Methode:*

Jeder Teilnehmer erhält einen Zettel, auf dem steht: Schulbeginn ist *wie* . . .

Jeder überlegt für sich allein eines oder mehrere »sprachliche Bilder« zu diesem Wort/Ereignis. Dabei geht es um die gefühlsmäßige Erfassung des Begriffes und nicht um eine Definition.

Z. B.: Schulbeginn ist wie

- in sehr kaltes Wasser springen;
- vor einer Gipfelbesteigung stehen: Ich habe Lust dazu, mich an den Anstieg zu machen, und ich fürchte gleichzeitig die Anstrengung.

Nach fünf bis zehn Minuten Einzelarbeit werden die »Bilder« einander vorgelesen; wenn die Jugendlichen nicht sehr vertraut untereinander sind, können die Zettel auch ausgetauscht werden und einer liest sie vor. Das kann vorher mit den Teilnehmern besprochen oder nur vom Leiter angekündigt werden. An das Vorlesen wird ein Gespräch angeschlossen.

(3) *Welche Ziele können durch diese Methoden erreicht werden? Welche Dimensionen werden vorrangig berührt?*

* Die Jugendlichen können sich selbst einbringen, das Thema wird persönlicher und konkreter und deshalb auch eher persönlich wirksam. (Ich-Sache.)
* Das Thema wird spannender, weil es mit Erfahrungen verknüpft ist. Der einzelne wird mit seiner Erfahrung ernstgenommen. (Ich-Sache.)
* Die Jugendlichen merken, wie unterschiedlich die Erlebnisweisen der einzelnen sind und daß unter Umständen auch unterschiedliche Erlebnisweisen in ihnen selbst stecken. (Ich-Wir.)
* Die Jugendlichen sprechen miteinander über Hoffnungen, Befürchtungen und Enttäuschungen. Sie lernen sich verstehen und achten. Sie lernen ihre Gefühle kennen; sie erfahren, daß Gefühle wichtig sind und daß auch schwierige Gefühle »erlaubt« sind. (Wir-Ich.)

(4) *Welche Voraussetzungen sind nötig von den Teilnehmern und vom Leiter?*

Die Gruppenmitglieder müssen fähig sein, »in Bildern« zu denken. Das ist für Jugendliche normalerweise möglich. Die Methode fordert das Ausdrücken von Gefühlen – dazu braucht es eine gewisse Bereitschaft und einen notwendigen Rahmen (z. B. Ruhe, einander nicht auslachen). Wo Zuhören noch gar nicht geübt ist oder Gespräche bisher immer nur sachlich geführt wurden, kann die Methode auch zu schwer sein.

Der Gruppenleiter sollte selbst Erfahrungen mit der Methode haben. Er muß sie gut, eventuell an Beispielen erklären können, wobei die Beispiele nicht aus dem angesprochenen Thema stammen sollten, weil sonst eine Richtung vorgegeben wird. Der Leiter muß sich zutrauen, das Gespräch über die Bilder weiterzuführen.

(5) *Was sollte bei der Durchführung beachtet werden?*

* Die Bilder sollten nicht bewertet werden (gut, schlecht . . .). Sie sind grundsätzlich richtig, weil sie Erfahrungen von Menschen ausdrücken. Daß keine gegenseitige Bewertung stattfinden sollte, kann bei der Einführung der Methode gesagt und erklärt werden.
* Es geht nicht um eine sachliche Diskussion von »Schule« und ihren Vor- und Nachteilen, sondern um das persönliche Erleben der Gruppenteilnehmer. Die vertiefenden Nachfragen gehen also eher um Punkte wie: Wie erlebst du Schule? Was erlebst du dort? Wie ist es für dich, wenn . . .? usw. Diese Art des Austauschs ist wichtig, denn auch das Wahrnehmen und Ausdrücken von Gefühlen trägt bei zur Klärung von Problemen (vgl. S. 124 f.).
* Der Leiter kann unterstützen beim Zuhören, beim Akzeptieren der Verschiedenartigkeit der Beteiligten, beim Ernstnehmen von Gefühlen, bei der Suche nach Lösungen . . .

(6) *Wie wird die Methode weitergeführt?*

Mögliche vertiefende Fragen (je nach Ziel!): Welche Metapher hat dich besonders beeindruckt, warum? Wer kann sich in dieses Bild auch hineindenken? Wer erlebt dieses Bild ganz anders? Welches Bild ist ähnlich? Was ist denn Schule für die einzelnen hier? Mit welchen Erlebnissen hängt diese Einstellung zusammen? Was an der Schule macht Spaß, was ist langweilig oder macht angst? Welchen Einfluß habe ich selbst? Was möchte ich investieren? Wie können sich die Jugendlichen gegenseitig unterstützen? Was bedeutet die

Gruppe für diese Situation des Schulbeginns und für das ganze Jahr?

Genauso können Ideen entwickelt werden, wie die Schule *auch* sein könnte. Es kann überlegt werden, mit welchen Lehrern darüber gesprochen werden könnte, usw.

(7) *Wann und wie kann die Methode sonst noch eingesetzt werden?*

Alle Themen, bei denen es darum geht, die emotionale Beteiligung der Gruppenmitglieder zu wecken, können durch eine Metapher-Meditation begonnen werden.

Z. B.: Glauben ist wie ... Kirche ist wie ...
Konflikt ist wie ... Vater sein ist wie ...
Unsere Gruppe ist wie ..., usw.

(8) *Welches Material ist nötig?*

Papier, Bleistifte; eventuell große Papierbogen, damit die Metaphern alle auf Plakaten aufgeschrieben werden können.

2.4. Blitzlicht

(1) *Beispiel/Situation für den Einsatz:*

Während einer Gruppenleitertagung wird das Gespräch immer mühsamer und zäher. Manche Gruppenleiter beteiligen sich nicht mehr.

(2) *Beschreibung der Methode:*

Der Leiter oder ein Teilnehmer unterbricht das Gespräch und fordert zu einem »Blitzlicht« auf. Die Sacharbeit bleibt vorerst ruhen.

Jeder überlegt zunächst für sich, wie er sich im Augenblick fühlt, wie er die Situation empfindet (»Momentaufnahme«).

Spielregel: Reihum sagt jeder, was er von seiner »Momentaufnahme« mitteilen möchte; er sagt auch, wenn er nichts mitteilen will. Die Mitteilung soll möglichst in einer Ich-Botschaft gegeben werden, z. B.: »Ich bin schon seit einiger Zeit unruhig, weil das Gespräch ...« Allgemeine Äußerungen würden den Anschein »objektiver« Tatbestände vermitteln; es geht aber um die Äußerung der subjektiven Befindlichkeit. Alle hören einander zu; nach jeder Äußerung kann eine kurze Pause sein, so daß der Nächste sich auf seinen Beitrag konzentrieren kann. Das ist hilfreich, weil sonst alle mit ihrem eigenen kommenden Beitrag beschäftigt sind und nicht richtig zuhören können. Zwischenbemerkungen, Diskussionen oder Widerspruch sind nicht erlaubt. Erst wenn die Runde abgeschlossen ist, kann über die Eindrücke gesprochen werden.

(3) *Welche Ziele können durch diese Methode erreicht werden? Welche Dimensionen werden vorrangig berührt?*

* Es soll/kann deutlich werden, was an Gefühlen und Gedanken im Raum ist, wo der einzelne steht und wie die augenblickliche Situation der Gruppe ist. (Ich-Wir.)
* Unterschiedliche Gefühle und Wahrnehmungen stehen gleichberechtigt nebeneinander und werden als vorhanden registriert. Das kann Sichtweisen erweitern, Einblick in die Gefühls- und Erlebniswelt anderer geben, zum tieferen Verstehen beitragen usw. (Wir.)
* Eine eventuell festgefahrene Situation wird aufgelöst, ein neuer Einstieg in das Thema wird möglich. Störungen können angemeldet und behoben werden. (Ich-Wir-Sache.)
* Die Gruppenmitglieder lernen, ihre Situation auszudrücken, wenn es für sie selbst oder den Ablauf des Treffens nötig ist. Das kann schließlich auch geschehen, ohne daß ausdrücklich ein Blitzlicht angemeldet ist. (Ich-Wir.)
* Alle üben sich in Selbstwahrnehmung und -äußerung und in der Wahrnehmung von Unterschieden und ihrer Respektierung. (Ich-Wir.)

(4) *Welche Voraussetzungen sind nötig von seiten der Teilnehmer und des Leiters?*

Ein Blitzlicht kann angst machen, weil persönliche Gefühle ausgedrückt werden sollen. Viele haben das nicht gelernt. Die Äußerung von Gefühlen wird ja auch oft »bestraft« durch Widerspruch, Abwertung, Verneinung, Lächerlichmachen usw. Deshalb ist Voraussetzung ein Klima der Akzeptanz und Sicherheit und die genaue Einhaltung der Spielregeln. Die Teilnehmer müßten wenigstens eine beginnende Bereitschaft zur Offenheit haben. Je unbefangener die Gruppenmitglieder gewöhnlich miteinander umgehen, desto leichter werden sie auch über ihre Gefühle in einer bestimmten Situation sprechen.

Der Leiter braucht vor allem Vertrauen in diese Methode und Sicherheit in der Ankündigung. Wenn er selbst unsicher ist, verstärkt sich auch die Unsicherheit der Teilnehmer, die sich dann auf das »Risiko« der Selbstäußerung nicht mehr einlassen können. Der Leiter sollte nicht wütend oder beleidigt sein, wenn sein Blitzlicht-Vorschlag nicht angenommen oder durch nichtssagende Äußerungen unterlaufen wird.

(5) *Was sollte bei der Durchführung beachtet werden?*

* Sinn und Ziel des Blitzlichtes nennen und die Freiwilligkeit der Mitteilung betonen. (TZI-Regeln: Nimm jeden Augenblick als Angebot für deine Entscheidung; authentisch und selektiv sein.)
* Der Leiter sollte sein Blitzlicht in einfachen Sätzen sagen und seine Gefühle direkt ausdrücken. Sein Verhalten ist Modell. Wenn er kompliziert und versteckt spricht, fällt auch den Teilnehmern ihre Aussage schwer.
* Ermutigung in zweierlei Hinsicht ist angebracht:
  – sich auf das Blitzlicht einzulassen und auszuprobieren, wie es wird;
  – wenn jemand wirklich nichts sagen will, auch dazu zu stehen und es den anderen mitzuteilen.

* Auf Pausen nach den einzelnen Äußerungen achten, und zu Ich-Äußerungen auffordern.
* Blitzlichter werden manchmal zu stereotypen Wiederholungen von nichtssagenden Gefühlsangaben, z. B.: »Mir geht es soweit gut.« Die Gründe können vielfältig sein: Nachahmung einzelner Teilnehmer; ein untergründig vorhandener Konflikt belastet die Gruppe, und die Teilnehmer wagen keine offene Äußerung; Angst vor »Bestrafung« außerhalb der Gruppe, z. B. daß über die Äußerungen getratscht wird; Angst, zu den eigenen Gefühlen zu stehen, oder Unbeholfenheit, sie auszudrücken, usw. Der Leiter kann seine Wahrnehmung ansprechen, manchmal erschwert dies aber die Situation oder erhöht die Befangenheit. Er kann auch in einer nächsten Situation mit Hilfe einer anderen (vielleicht anonymen) Methode das Gruppengespräch erneut in Gang bringen.

(6) *Wie wird die Methode weitergeführt?*

Sinn und Ziel des Blitzlichtes ist es, den gefühlsmäßigen Ist-Stand gegenseitig offenzulegen. Die Methode ist also zu Ende, wenn jeder etwas gesagt hat. Häufig entsteht aber aus einem Blitzlicht das Bedürfnis, über geäußerte Gefühle und Wahrnehmungen weiterzusprechen, Verständnisfragen zu stellen, verschiedene Positionen gegeneinanderzustellen oder auch in eine grundsätzliche Situationsanalyse oder Feedback-Runde (gegenseitige Rückmeldungen) einzusteigen. Es ist wichtig, daß die Gruppe das bewußt entscheidet und daß dies im Anliegen geschieht, *voneinander* zu hören. Sonst gleitet das Gespräch ab in einen Streit, wessen Gefühle oder Wahrnehmungen »richtig« sind. Wenn während des Gesprächs jemand von sich aus seine vorherige Äußerung korrigiert, weil er durch Aussagen anderer neue Informationen erhalten hat, so ist das in Ordnung; er sollte aber nicht durch Überredung gezwungen werden. Bei solchen Gesprächen kommt es vor allem darauf an, daß Gegensätze und Unterschiede auch ausgehalten werden (vgl. Differenzierungsphase). Es *ist* eine Realität, daß in einer Gruppe verschiedene Menschen in gleichen Situationen unterschiedliche Wahrnehmungen und Gefühle haben. Das kann in einem solchen Gespräch auch gelernt werden.

(7) *Wann und wie kann die Methode sonst noch eingesetzt werden?*

* Zum Blitzlicht eignet sich auch der *Beginn* eines Gruppentreffens. Jeder gibt dem anderen die Möglichkeit, den gegenseitigen Kontakt wiederherzustellen. Das Thema des Blitzlichts hieße dann z. B.: »Wo bin ich im Augenblick innerlich? Was bringe ich hierher mit?«
* Ein Treffen kann auch mit einem Blitzlicht abgeschlossen werden, und die Frage könnte lauten: »Wie habe ich das Treffen erlebt, was nehme ich mit?«
* Grundsätzlich ist jede Situation geeignet, in der das Bedürfnis besteht, gegenseitig mehr über die Gedanken und Gefühle zu erfahren.

Es ist allerdings wichtig, das Blitzlicht nicht zu oft einzusetzen, weil es sonst Routine werden kann.

(8) *Welches Material wird benötigt?*
Keines.

3. Weitere Methodenbeispiele

3.1. Gruppenanfang und Kennenlernen

Bei der Darstellung der Gruppenentwicklung wurden schon einige Methoden beschrieben, wie das Kennenlernen erleichtert werden kann (vgl. S. 30).

Hier werden nun noch Beispiele angefügt, die sowohl beim ersten Treffen einer Gruppe eingesetzt werden können wie auch bei späteren Treffen, bei denen ein neuer bewußter Einstieg aus irgendeinem Grund nötig ist.

Beispiele:
Eine Schulung von Gruppenleitern besteht aus mehreren Phasen, die jeweils etwa ein Vierteljahr auseinanderliegen. Bei jeder Phase ist es erneut nötig, sich aufeinander einzustellen, Fremdheit abzubauen und sich der gemeinsamen Sache wieder zu nähern.
Die Frauengemeinschaft einer Pfarrgemeinde trifft sich jährlich einmal zu einem Besinnungstag. Zwar sehen sich alle Frauen auch zwischendurch und arbeiten auch miteinander. Aber an diesem Tag soll eine bewußte Einstellung zueinander angeregt werden.

O *Kugellager*

Das Kugellager braucht mindestens zwölf Teilnehmer. Die Idee des Kugellagers – ständig wechselnde Gesprächspartner – kann zwar auch mit weniger Teilnehmern realisiert werden, aber der Name »Kugellager« ist dann nicht mehr anschaulich.

Es gibt soviel Stühle wie Teilnehmer. Die Hälfte aller Stühle steht im Innenkreis und ist nach außen gerichtet. Die anderen Stühle stehen entsprechend im Außenkreis und sind nach innen gewendet. Jeweils zwei Stühle stehen sich also gegenüber. Jeder Teilnehmer sucht sich einen Stuhl und sitzt so einem Partner gegenüber. Nun wird ein erster Auftrag gestellt. Z. B.: »Die jeweiligen Partner stellen sich gegenseitig vor.« Nach einer kurzen Zeitspanne, die vorher auch angekündigt wird, setzt der Gruppenleiter (er kann auch Teilnehmer der Runde sein) das Kugellager in Bewegung: »Alle Teilnehmer im Außenkreis rücken drei Stühle nach rechts, die im Innenkreis einen Stuhl nach links.« Nun sitzen sich neue Partner gegenüber, und es kann ein neuer Auftrag gegeben werden. Z. B.: »Alle erzählen, was sie heute morgen beim Aufwachen als erstes gedacht haben«, usw. Die Aufträge können sich je nach Situation und Ziel auf das Kennenlernen beziehen oder auch auf das geplante Sachthema.

○ *Ein Netz spannen*

Der Gruppenleiter hat einen großen Wollknäuel. Alle sitzen im Stuhlkreis. Es werden einige Gesichtspunkte angegeben, unter denen diese Runde stehen kann. Z. B.: Wer bin ich; was mache ich gern; was erwarte ich hier; was wünsche ich mir; welche Gruppenerfahrungen habe ich bisher; o. a.

Der Gruppenleiter beginnt unter der angegebenen Fragestellung von sich zu erzählen. (Es ist wichtig, daß er selbst Ich-Aussagen wählt; sein Erzählen wird Modell für die anderen!) Dann hält er das Ende der Wolle fest und wirft den Knäuel einem Teilnehmer zu. Dieser erzählt von sich, hält dann die Wolle an einer Stelle fest und wirft den »Ball« weiter. So spannt sich schließlich quer über die ganze Gruppe ein Netz, das ein sichtbares Zeichen für die Möglichkeit ist, wie Beziehungen in einer Gruppe entstehen können: Einer redet von sich und wendet sich an einen anderen . . . Das Netz ist gleichzeitig ein Bild dafür, wie es in der Gruppe später einmal aussehen kann.

Es sind mehrere Weiterführungen denkbar:

* Der Leiter fordert dazu auf, mit dem Faden/mit dem Netz zu spielen: Jeder kann an seiner Stelle ziehen oder sonst irgend etwas tun. Welche Assoziationen weckt das? Was geschieht, wenn ich etwas tue – wer wird mitberührt? Was machen oder empfinden die anderen? usw. Hier können einige Zusammenhänge des Gruppenprozesses bewußt werden (vgl. Teil I).
* Es wird ein Gespräch begonnen, was in der Gruppe und von jedem einzelnen her geschehen müsse, damit das Bild der Gruppe ein Netz wird. Was braucht jeder – was kann jeder geben? Daraus können unter Umständen gemeinsam Regeln (in der Form von Wünschen) entwickelt werden (vgl. positive Gruppennormen S. 51).
* Das Netz kann wieder aufgelöst werden, indem jeder Teilnehmer den Knäuel an seinen Vorgänger wirft und dabei dessen Namen nennt.

○ *Sich auf einem Plakat darstellen*

Alle sitzen im Kreis. Jeder Teilnehmer kann sich Farben auswählen und bekommt einen großen Papierbogen. Der Auftrag lautet z. B.: »Male oder (und) schreibe ein Plakat, das etwas von dir ausdrückt: Wer bist du? Wie lebst du zu Hause? Was möchtest du von dir mitteilen? – Wir möchten uns hier kennenlernen. Erzähle die Dinge, von denen du denkst, daß sie dazu beitragen. Es geht nicht um ein ›schönes‹ Plakat im Sinn des Zeichenunterrichts, sondern um deine Mitteilung, so wie du sie geben willst. Da kann auch ein Wort genügen, oder du kannst einfach nur in Farben etwas ausdrücken oder Symbole malen. Es ist wichtig, daß du das tust, was du selbst richtig findest. Wähle aus, was du darstellen und sagen möchtest.«

Je nach Gruppe sollte 15–30 Minuten Zeit sein. Es ist gut, wenn sich alle im Raum verteilen können und jeder einen Platz findet, an dem er gerne und in Ruhe malen möchte. Es sollte während dieser Zeit nicht gesprochen werden. Auch Musik ist nicht unbedingt sinnvoll, weil sie ablenken oder beeinflussen kann. Dann kommen alle wieder zusammen, und einer nach dem anderen erzählt zu seinem Plakat. Die anderen Teilnehmer hören jeweils sehr gut zu; sie können auch Fragen stellen oder eigene Betroffenheit äußern. Wieviel an Gespräch schon hier möglich ist, kommt auf die Gruppe, die Zeit und die Gesamtsituation an.

Bei dieser Methode ist zu beachten, daß sie Angst auslösen kann. Viele Menschen haben wenig Zutrauen in ihre darstellerischen Fähigkeiten und sind gewohnt, daß Malen oder Plakatmachen bewertet wird nach »objektiven« Gesichtspunkten (Noten). Deshalb ist es sinnvoll, dazu etwas zu sagen. Gerade hier braucht auch der Leiter viel Ruhe und Sicherheit und eigene Erfahrungen mit dieser Methode, sonst sollte er lieber eine andere wählen.

○ *Steckbrief (»gesucht wird . . .«)*

Jeder Teilnehmer erhält ein Blatt Papier und zieht den Namen eines anderen Teilnehmers. Er sucht diesen Partner und macht mit ihm ein »Interview«. Dazu können als Hilfestellung einige Fragen vorgegeben werden. Die gesuchte Person kann auf dem Steckbrief auch gemalt werden. Stichworte aus dem Interview werden auf das ausgegebene Blatt aufgeschrieben. Der Name der betreffenden Person wird nicht vermerkt.

Die Steckbriefe werden aufgehängt, jeder kann die dargestellte Person erraten. Die Teilnehmer stellen in der anschließenden Runde ihren Interviewpartner vor.

3.2. Themen erarbeiten/Sacharbeit

Wenn Gruppen thematisch und sachbezogen arbeiten, sollte, nach den bisherigen Ausführungen zur Gruppenarbeit, dennoch möglichst eine Verbindung vom Thema zu den einzelnen Personen, eine Verknüpfung mit ihrem Lebensbereich und ihrer Lebenserfahrung und mit der Erfahrung der Gesamtgruppe hergestellt werden.

Das heißt, daß die Sachdimension mit dem »Ich« jedes einzelnen und mit dem »Wir« in Verbindung gebracht wird, um beteiligtes und persönlich betroffenes Arbeiten und Lernen zu ermöglichen.

Dies ist der Sinn der folgenden Methoden: Sie dienen zunächst dem Einstieg in ein Thema oder der Erarbeitung von Inhalten. Sie sprechen aber alle auch die Ich- und Wir-Dimension an.

Das »Ich« und »Wir« kann auch zum ausdrücklichen *Thema* der Gruppe werden und mit Hilfe dieser Methoden angegangen werden (vgl. Zwischen- und Prozeßreflexionen S. 205).

Beispiele:

»Meine Erfahrungen in dieser Gruppe«
Zwischenbilanz oder Abschlußüberlegungen.

»Meine Kindheit«
Gespräche über die eigene Lebensgeschichte und Lebenserfahrung.

○ *Angefangene Sätze (Impulsfragen)*

Ein Thema wird in persönlich formulierte, angefangene Sätze aufgegliedert.

Z. B.: Thema bei einer Gruppenleiterausbildung: »Spielen in der Gruppe«.
Mögliche Sätze:

»Wenn ich mit anderen spiele –
- dann fühle ich mich manchmal . . .
- habe ich Angst vor . . .
- wünsche ich mir von den anderen . . .
- möchte ich gern . . .
- habe ich schon erlebt . . .
- erwarte ich vom Spielleiter . . .
- würde ich am liebsten aufhören, wenn . . .«

Dieser Impuls-Bogen kann als Einstieg in das Thema dienen. Die angefangenen Sätze sind auf einem Blatt so angeordnet, daß jeder genügend Platz hat, dazwischenzuschreiben. Die Sätze werden möglichst spontan weitergeschrieben. Wenn alle fertig sind, können die Bogen in einem *Zettelkarussell* im Kreis links und rechts herumgegeben werden, damit nicht mehr erkennbar ist, wer welche Aussagen gemacht hat. Dies sollte der Gruppenleiter vorher ankündigen, weil die Anonymität persönliche Äußerungen erleichtert.

In einer Art »Meditation« (weil Einfühlung und Verstehen-Wollen die Voraussetzung für ein späteres Gespräch sind) werden nun reihum zu jedem einzelnen Satz die Antworten gelesen. Die Teilnehmer können Stichworte mitschreiben. Das hat zum einen den Vorteil, daß langsam gelesen werden muß, und zum anderen, daß Aussagen stärker in Erinnerung bleiben und nachher leichter daran weitergearbeitet werden kann.

Zur Weiterarbeit gibt es mehrere Möglichkeiten:

* Im Plenum Eindrücke über das Gehörte auszutauschen; über die Äußerungen ins Gespräch kommen, an ihnen entlang das Thema erarbeiten. Um so vorgehen zu können, muß jedoch der Leiter einen guten Themenüberblick haben und die Fähigkeit, Äußerungen in Zusammenhänge zu bringen oder auch durch Informationen zu ergänzen. Sonst besteht die Gefahr, daß das Gespräch ziellos wird und nichts Neues bringt. Bei einer Gruppenleiterschulung (wie dieses Beispiel angelegt ist) sind auch neue Informationen wichtig.
* In Arbeitsgruppen kann das Gespräch anhand gezielter Fragen weitergeführt werden. Z. B.: Welche Spiele und Spielrollen sind dem einzelnen als schwierig und belastend in Erinnerung? An welche Spiele erinnert sich jeder gerne? Warum? usw.
* In Impulsreferaten mit dazwischengeschalteten Gesprächen kann Information vermittelt werden.

O *Bilder – Auswahl*

Es muß eine Sammlung von Bildern zur Verfügung stehen (Kalenderbilder, Zeitschriftenbilder, Fotos usw.). Alle Bilder werden auf dem Boden (Tisch) verteilt. Zu einem Thema – z. B. »Frieden« – sucht jeder Teilnehmer ein Bild, das für ihn etwas von diesem Thema ausdrückt. Es ist hilfreich, wenn das Sachthema in eine persönliche Frage gebracht wird – z. B. »Was ist für mich Frieden?« oder »Wann erlebe ich Frieden?« oder »Wie stelle ich mir Frieden vor?« usw.

Während die Bilder ausgewählt werden, sollte Ruhe sein, und jeder braucht genügend Zeit, herumzugehen und die Bilder auf sich wirken zu lassen. Wenn jeder ein Bild hat, beginnt eine Runde, in der alle etwas zu ihrem Bild sagen.

Damit ist das Thema angerissen und mit jedem einzelnen in Verbindung gebracht. Jetzt kann durch Gespräch, Referat oder vorbereitete Fragen in Gruppen weitergearbeitet werden. Diese Methode braucht Zeit und eignet sich deshalb nicht für sehr kurze Treffen. Sie ist intensiv und reicht in die Tiefendimension der Person. Es können verschiedenste Themen durch Bilder-Auswahl in Gang gebracht werden.

Zum Beispiel:
- Was ist für mich Weihnachten?
- Umgang mit Konflikten.
- Gespräche in der Familie.

Allerdings muß häufig zu Beginn etwas über Bilder und Bildersprache gesagt werden, weil viele nicht gewohnt sind, Bilder als Ausdruck für Gedanken, Gefühle oder Einstellungen zu sehen. Der Leiter kann durch einige Beispiele aus einem anderen Themenbereich den Zugang erleichtern. Bilder haben dann den großen Vorteil, daß sie Gedanken anregen, so daß jeder bei sich selbst erfahren kann, wieviel vom angesprochenen Thema in ihm schon vorhanden ist.

Eine weitere Möglichkeit der Bildauswahl ist die Arbeit in Untergruppen. Die Gruppe wird aufgeteilt, und jeweils 3–5 Mitglieder tun sich zusammen. Jeder einzelne sucht nun zum angegebenen Thema 2–3 Bilder aus. In der Untergruppe stellen die Teilnehmer ihre Bilder gegenseitig vor. Sie einigen sich dann gemeinsam, welche der Bilder sie als die treffendsten in die Großgruppe mitbringen. Durch diesen Auftrag entsteht Gespräch und thematische Auseinandersetzung.

Die mitgebrachten Bilder können dann in der Großgruppe weiter bearbeitet werden.

○ *Bienenkorb (Summgruppen)*

Das ist eine Methode, die z. B. einen Vortrag auflockern oder eine kurze Meinungsbildung zu einer Frage in Gang bringen kann. Sie dient auch der Erleichterung von Plenumsgesprächen. Der Leiter fordert auf, daß jeweils einige Teilnehmer, die nebeneinandersitzen, zusammenrücken zu kleinen Gruppen. Die kleinen Gruppen unterhalten sich über eine Frage, die vom Leiter vorgegeben wird.

Die Methode kann eingesetzt werden:
- als Einstieg/Start zu einem Vortrag;
- als Zwischenstufe in einem Vortrag, um z. B. einen neuen Abschnitt einzuleiten;
- zur Vertiefung eines Gedankens, der gerade vorgetragen wurde;
- als Gedankensammlung zur Lösung eines anstehenden Problems;
- zur Aktivierung von Teilnehmern bei Müdigkeit;

usw.

Die Methode heißt so, weil durch das Gespräch in den Untergruppen ein »Summen« wie in einem Bienenkorb im Raum entsteht.

Die Methode kann weitergeführt werden, indem aus den Kleingruppen Gedanken und Aspekte zum Thema ins Plenum gegeben werden oder auch einfach dadurch, daß ein Referent den nächsten Abschnitt vorträgt und die Punkte des Austauschs in den Gruppen verbleiben.

O *Fallbeispiele*

Fallbeispiele wurden in diesem Buch ständig verwandt, um Aussagen zu verdeutlichen und die Übertragung auf die eigene Situation zu erleichtern.

Fallbeispiele sind beispielhafte Situationen, an denen etwas aufgezeigt oder durch die ein Problem/eine Frage angerissen wird.

Ein Fallbeispiel kann
- ins Thema einführen, indem es eine Situation dazu beschreibt;
- der Veranschaulichung einer Theorie dienen;
- an einem Entscheidungspunkt unterbrochen werden, und die Teilnehmer diskutieren nun, wie es hier weitergehen könnte und welche Folgen oder Wirkungen jede Lösung aufwirft;

- von den Teilnehmern selbst erfunden werden als Übersetzung einer Theorie in ihren Alltag;
- Grundlage eines *Rollenspiels* oder eines *Weiterspiels* sein.

Rollenspiel:
Eine beschriebene Situation wird nachgespielt mit verteilten Rollen. Durch die Identifizierung von Gruppenmitgliedern mit einer Rolle wird das Problem erlebnisnäher und kann engagierter bearbeitet werden.

Weiterspiel:
Das Fallbeispiel wird bei einer Entscheidungssituation unterbrochen. Verschiedene kleine Gruppen diskutieren mögliche Lösungen miteinander. Die Lösung, die am besten scheint, wird von der Untergruppe für alle vorgespielt. Anschließend kann über die verschiedenen Lösungen und ihre Konsequenzen gesprochen werden.

Bei allen Methoden, die hier als Beispiele für die Aktivierung der Teilnehmer in der Auseinandersetzung mit einem Thema stehen, ist klar zu sehen, daß mit dem Einsatz der Methode *nicht* schon der Inhalt erledigt ist. Das gilt vor allem für alle Arten von Bildungs- oder »Lehr«veranstaltungen, wie sie z. B. auch Elternabende in Kindergärten, Tagungen der Gruppenleiterausbildung, Bildungswerkveranstaltungen usw. sind. Es genügt dann nicht, daß ein Leiter sich einen guten Einstieg für irgendein Thema überlegt und dann alles weitere dem Zufall überläßt. Wenn zum Treffen gehört, daß sich die Teilnehmer mit einem Thema auseinandersetzen sollen, dann muß sich ein Leiter die Punkte vorüberlegen, die *er* für diese Auseinandersetzung für wichtig ansieht.

Das braucht ihn nicht daran zu hindern, auch auf die Punkte zu achten, die von den Teilnehmern beigetragen werden. Doch wenn angezielt ist, daß Teilnehmer etwas dazulernen, z. B. über »das Spiel von Kindern«, so muß sich der Leiter selbst mit diesem Thema auseinandergesetzt haben und geklärt haben, welches für ihn wichtige Inhalte zu diesem Themenbereich sind. *Wie* er diese Punkte dann einbringt, ist eine Frage seiner Fähigkeit, mit Gruppen umzugehen, und eine Frage seines Überblicks über das Thema: Fließen ihm die wichtigen Punkte zu einem Inhalt während eines offenen

Gespräches zu? Kann er gleichzeitig das Gespräch leiten, die Inhalte gegenwärtig haben und auch noch den Prozeß in der Gruppe berücksichtigen?

Es wird hier deutlich, daß diese Art von Sach-Arbeit mit Gruppen anders ist als die, bei der ein Leiter oder Referent das Thema referiert und lediglich die Sachebene im Blick hat. Hier hat der Leiter mehrere Ebenen gleichzeitig zu beachten und ins Spiel zu bringen: die Sach-Ebene, die Wir-Ebene und die Ich-Ebene bei allen Teilnehmern und bei sich selbst.

3.3. Reflexion des Gruppengeschehens und Feedback

Die Reflexion des Gruppengeschehens kann sich auf alle drei Dimensionen »Sache-Wir-Ich« beziehen.

Was die Reflexion der Sachebene betrifft, so geht es um Fragen der Inhalte und Arbeitsweisen: Was haben wir getan und erreicht? Womit haben wir uns beschäftigt? Wie steht jeder einzelne dazu? Wie könnte die Sache besser vorangetrieben werden? usw.

Die Reflexion der Ich- und Wir-Dimension ist schwieriger und auch angstauslösender. Hier geht es um Fragen der Beziehungen und des Platzes, den der einzelne in der Gruppe will oder hat, um Zuneigung und Ablehnung, Siegen und Unterliegen, Sich-akzeptiert-Wissen oder Unsicher-Sein. Das sind »heiße« Themen, d. h. Bereiche, über die viele nur schwer sprechen können, weil sie es nicht gewöhnt sind. Es entsteht Angst, weil jeder auch viel verlieren kann. Für manchen ist es einfacher, über die eigene Stellung in der Gruppe im ungewissen zu sein oder auch mit Befürchtungen zu leben, als deutlich zu hören, wie die anderen seine Position sehen.

Gespräche über den Ich- und Wir-Bereich sind aber wichtig. Sie werden mit zunehmender Übung selbstverständlicher: Ich kann lernen, daß es normal ist, wenn ich nicht jedem in der Gruppe in gleicher Weise gefalle. Ich erfahre, welche meiner Verhaltensweisen von den anderen hilfreich erlebt werden, und kann sie (wenn ich will) ausbauen. Ich kann eventuell auch solche Verhaltensweisen verändern, die für andere immer wieder neu belastend sind. Ich kann lernen, daß es mir hilft, wenn ich wahre und offene Aussagen bekomme, weil dann meine Sicherheit wächst. Ich kann erfahren, daß Aussagen der Kritik oder auch Ablehnung Beziehungen nicht stören oder zum Abbruch bringen müssen, sondern sogar manchmal positiv verändern. Ich erlebe, daß offene Auseinandersetzungen produktiver sind und eher zu Lösungen führen als heimliche »Schattengefechte«.

Weil Reflexionen im Ich- und Wir-Bereich die betroffenen Personen dicht berühren und den Kern ihrer Person ansprechen können, ist Sorgfalt und gegenseitige Achtung nötig. Ich möchte hier erinnern an die in Teil III beschriebenen Haltungen der »Unbedingten Wertschätzung«, der »Einfühlung« und der »Echtheit«, die ich für Prozeßreflexionen als unverzichtbar betrachte. Umgesetzt in Verhaltensweisen, bedeuten sie für diese Situationen:

* Ich versuche, offene und direkte *Aussagen über mich und mein Erleben* in der Gruppe zu machen. (Das geschieht am besten in Form von Ich-Botschaften, vgl. S. 104).
* Wenn ich es selbst als wichtig erachte, oder wenn ich gefragt werde, *sage ich den Gruppenteilnehmern* möglichst konkret, *wie ich sie erlebe.* (Auch das geschieht in einer Ich-Botschaft!)
  Diesen Vorgang nennt man »Feedback geben«, d. h. eine Rückmeldung geben.

Rückmeldung geben und empfangen geschieht in Gruppen ständig, allerdings häufig unbewußt, indirekt und unkonkret, denn jede Verhaltensweise (Sprache, Mimik, Gestik) ist eine Mitteilung darüber, wie wir jemanden oder etwas erleben oder empfinden, bzw. wird als solche Mitteilung aufgefaßt (vgl. Teil I): über jemanden reden, lächeln, hin- oder wegschauen, müde sein oder aufmerksam dabeisein, usw. Jedoch ist diese Art der »Mitteilung« vieldeutig und kann unterschiedlich interpretiert werden.

Deshalb ist direktes Feedback (offene Rückmeldung) sinnvoller. Es verhindert den Aufbau von Mißtrauen und die jahrelange Verfestigung von falsch interpretierten Wahrnehmungen. Es hilft, Beziehungen zu klären, und zeigt an, daß die Beteiligten sich gegenseitig ernst nehmen und bereit sind, sich aufeinander einzulassen.

Dabei ist es wichtig zu wissen und zu betonen, daß jede Feedback-Äußerung (»ich erlebe dich . . .«) *zwei Anteile* hat:

* einen *Anteil der Person, die etwas über ihr Erleben* vom anderen sagt, denn *sie* erlebt den anderen *so*. Diese Art des Erlebens hängt auch mit ihr selbst, mit ihrer eigenen Lebensgeschichte zusammen;
* einen *Anteil von der Person, zu der* etwas gesagt wird: So wird sie vom Feedback-Geber wahrgenommen und erlebt. Sie kann dabei etwas erfahren von ihrer Wirkung auf andere und darüber, in welchen Bereichen sie als hilfreich oder auch hemmend erlebt wird.

Das bedeutet aber, daß eine Feedback-Aussage nie bedeuten kann »So *bist* du«, weil eben dabei der Anteil der wahrnehmenden Person unterschlagen wird.

Ein Feedback kann also in zweierlei Richtungen zur Reflexion anregen:

* Für den Feedback-Geber: Warum nehme ich dich so wahr? Was löst du in mir aus? Womit hat das zu tun? Wie kenne ich mich in diesem Bereich? Welche Werte oder Leitlinien meines Lebens werden hier eventuell berührt?
* Für den Feedback-Empfänger: Was sagt mir deine Mitteilung? Finde ich mich da wieder? Weckt deine Aussage in mir einen Widerhall? Erkenne ich meine Anteile? Wie erlebe ich mich selbst in diesem Bereich und zu dir?

Regeln für wirksames Feedback

a. Für den, der Rückmeldung gibt:

* Sei dir bewußt, daß du *deine* Erfahrung mitteilst und nicht eine objektive Gegebenheit;
* sei möglichst konkret und beziehe dich auf die Situation, die gerade ist;
* laß andere Wahrnehmungen und Erfahrungen neben den deinen zu;
* bewerte und interpretiere nicht, sondern teile deine Wahrnehmung und dein Erleben mit;
* sei offen und ehrlich, überlege aber auch, wann du wem wieviel sagen willst.

b. Für den, der Rückmeldung erhält:

* Höre zu und frage nach, bis du wirklich verstanden hast, was der andere dir sagen will;
* lasse die Botschaft des anderen auf dich wirken und argumentiere und verteidige nicht;
* erst dann sage unter Umständen deine Gedanken, deine Sicht der Situation, und überlege, was du mit dem Gehörten tun willst.

Die folgenden Beispiele sind Methoden, mit denen Rückmeldungen über das Gruppengeschehen im Sach-, Wir- und Ich-Bereich mit jeweils unterschiedlicher Gewichtung angestoßen werden können.

O *Zwischen- oder Nachbesprechung*

Sie kann stehen nach einer Arbeitseinheit, nach einigen Gruppenstunden, am Ende einer Sitzung, usw.

Sammlung von Fragestellungen:

- Wie hast du dieses Treffen empfunden?
- Was hat dir geholfen, dabei zu sein, was hat dich behindert?
- Wie konntest du mitarbeiten – womit hängt dies zusammen?
- Wie beurteilst du das Ergebnis?
- Was hast du vermißt, was hat dir gefehlt?
- Was hättest du gebraucht, um noch besser dabeisein zu können?

- Wie hast du die anderen erlebt? (in der Zusammenarbeit, im Miteinander-Umgehen).
- Wie hast du den Leiter erlebt?

usw.

Es ist oft gut, die Nachbesprechung mit einer *Einzelarbeit* zu beginnen. Jeder überlegt für sich selbst die vorgeschlagenen Fragen, so daß das Gespräch danach intensiver und nicht so zufällig wird. Es sollten lieber nur wenige Fragen gestellt werden, viele Fragen verhindern die Tiefe. Der Austausch nach der Einzelarbeit oder Überlegungszeit kann in Untergruppen oder auch in der Gesamtgruppe stattfinden. Bei beiden Arten lauten die Spielregeln:

* Jeder spricht für sich, von seinem eigenen Erleben und seiner Wahrnehmung. Ich kann dem anderen seine Wahrnehmung nicht streitig machen – ich kann meine nur danebenstellen.
* Es geht nicht um eine Einigung darüber, wie objektiv eine Situation war. Es geht um das Veröffentlichen und Kennenlernen der unterschiedlichen subjektiven Einschätzungen und Erfahrungen.
* Wenn Lösungen für ein Problem oder eine Situation gefunden werden müssen, so ist das die Aufgabe aller.

O *Malen*

Jeder Teilnehmer versucht ein Bild zu malen, wie er eine Situation oder eine bestimmte Zeit in der Gruppe empfunden hat. Ob er dazu nur Farben benutzt oder auch Worte und Symbole, ist seine eigene Entscheidung. Als Gedankenanregung kann ein Thema angegeben werden, z. B. »Mein Weg in dieser Gruppe«.

Das Malen geschieht in Einzelarbeit. Es sollte dabei sehr ruhig sein. (Vgl. Hinweise bei der Methode: Sich auf einem Plakat darstellen, S. 195).

Wenn alle fertig sind, kann jeder Teilnehmer zu seinem Bild etwas sagen; er kann auch zuvor die Eindrücke der anderen erfragen.

○ *Feedback in einer kleinen Gruppe*

Zwei oder drei Personen tun sich zusammen, um miteinander über sich und ihre gegenseitigen Eindrücke zu sprechen. Dazu wird eine Spielregel mitgegeben.

(1) Eine Person beginnt. Sie sagt zuerst, wie sie sich selbst in der gerade zurückliegenden Zeit/Arbeitseinheit gefühlt hat und wie sie sich verhalten hat.

(2) Nun fragt sie die anderen Personen in der Untergruppe, wie diese ihr Gefühl und Verhalten wahrgenommen haben und wie es ihnen dabei erging.

Nun kommt der nächste Teilnehmer an die Reihe.

Vor dieser Gruppenaufgabe sollte an die Regeln »Rückmeldung geben und empfangen« erinnert werden.

○ *Meinungs- und Gefühlsbarometer*

Diese Art der Gruppenreflexion ist vor allem geeignet für eine fortlaufende Reflexion während eines längeren Zusammenseins, z. B. bei einer Freizeit oder einem Kurs.

Es wird ein Plakat mit folgender Zeichnung aufgehängt:

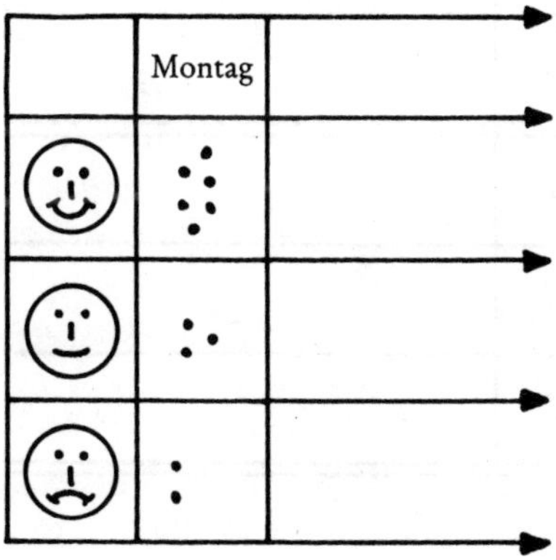

Die Gesichter verkörpern:
* Es war für mich schön, interessant, spannend . . .
* Es war weder besonders gut noch schlecht . . .
* Es hat mir nicht gefallen, es war uninteressant . . .

Beispiel: (Welche Auswertungsgesichtspunkte zusammengestellt werden, hängt davon ab, an welchen Fragen oder Erfahrungen gemeinsam gearbeitet werden soll.)

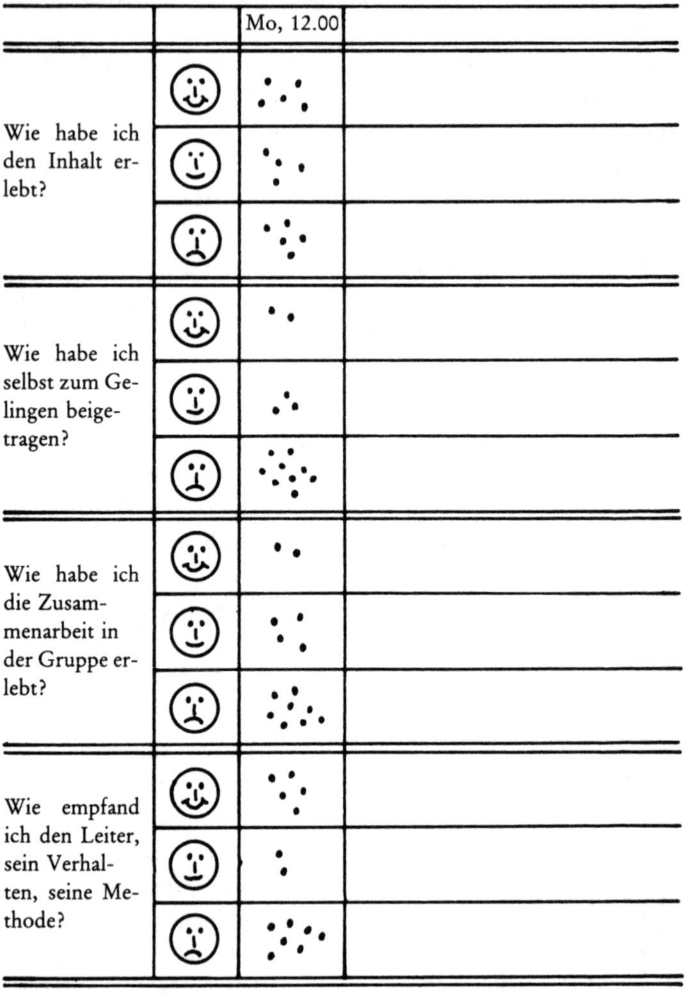

Immer, wenn ein Meinungs- oder Stimmungsbild entstehen soll, wird der Zeitpunkt des Entstehens in die obere Spalte eingetragen, und die Teilnehmer kleben oder malen einen Punkt in das Kästchen, das ihrem Erleben entspricht. Durch die Verteilung der Punkte in den verschiedenen Feldern wird ein »Gruppenbild« deutlich. Der Vorteil der Methode ist, daß der einzelne anonym seine Einschätzung abgeben kann. Es ist allerdings wichtig, immer wieder einmal über das »Barometer« zu sprechen, damit die Zusammenhänge des »Gefallens« und »Nichtgefallens« deutlich werden und die gemeinsame Verantwortung für das Geschehen aktiviert wird. Wenn nur gepunktet wird, entsteht leicht der Eindruck, die Teilnehmer hätten damit das Ihre erledigt und eine Verbesserung der Situation sei Angelegenheit der Leiter.

Der Raster, in dem gepunktet wird, kann auch viel differenzierter aufgestellt werden und gibt dann auch mehr Informationen für das Erkennen von Zusammenhängen. Das ist z. B. wichtig bei einer Tagung von Gruppenleitern, wo im Zusammenleben und -arbeiten auch etwas über die Gesetzmäßigkeit von Gruppenprozessen gelernt werden soll. Dann muß auch die zeitliche Abfolge der Reflexion viel enger liegen, z. B. können nach jeder Arbeitseinheit Punkte aufgeklebt werden. In Auswertungsgesprächen werden dann Zusammenhänge herausgearbeitet und bewußtgemacht, z. B.: Position in der Gruppe und Arbeitsfähigkeit; bestimmte Arbeitsweisen und Lernerfolge; Übernahme von Führung und Akzeptiertsein von den Gruppenmitgliedern, usw.

O *Vier-Ecken-Spiel*

(Bei kleinen Gruppen kann man auch mit zwei oder drei Ecken spielen.)

Dieses Spiel ist eigentlich eine Gruppenaufteilungsmethode; sie ist bei unterschiedlichen Themen und Zielen einsetzbar. Hier wird sie am Beispiel der Schlußphase einer Gruppe beschrieben.

Die vier Ecken eines Raumes werden mit Namen bzw. Sätzen versehen. Diese Sätze werden auf Plakate aufgeschrieben und jeweils in eine Ecke gehängt.

Beispiel für je eine Ecke:
* Die Erfahrung des Wochenendes war für mich persönlich hilfreich;
* ich nehme einiges mit, was ich weiter überlegen möchte;
* für mich sind mehr Wünsche offengeblieben, als erfüllt wurden;
* eigentlich hatte ich mir das alles ganz anders vorgestellt.

Alle gehen herum und schauen sich alle Ecken (Plakate) gut an: Was lösen die Sätze in mir aus? Mit welchem Satz identifiziere ich mich jetzt am meisten?

Nach einiger Zeit des Überlegens bleibt schließlich jeder bei dem Plakat stehen, das ihm am meisten entspricht. Die Teilnehmer, die sich hier finden, bilden zusammen eine Gruppe und tauschen ihre Gedanken in bezug auf den Satz aus.

Die Übung kann dann so weitergeführt werden:
* Durch ein weiteres Set von Sätzen wird ein anderer Gesichtspunkt aufgeworfen, z. B. »Ich habe mich in diesen Tagen sehr engagiert . . .« Wieder teilt sich die Gruppe durch die Wahl des entsprechenden Satzes auf.
* Nach einem oder mehreren Durchgängen kommt die Gruppe ins Plenum zurück, und jeder teilt von sich und seinen Gedanken so viel mit, wie er allen sagen möchte.
* Es ist genauso denkbar, die Übung ohne Plenum abzuschließen und den Austausch nur in den kleinen Gruppen zu belassen.

Wieviel Zeit für die Gruppengespräche nötig ist, kann nicht allgemein angegeben werden. Das kommt auf die Themenstellung, auf die Situation der Teilnehmer und das Ziel an (5–30 Minuten). Da die Gruppen durch die Wahlsituation unterschiedlich groß sind, können sich Gruppen ab ca. 6 Teilnehmer noch einmal unterteilen. Die größeren Gruppen brauchen sonst viel mehr Zeit zu ihrem Austausch.

3.4. Entscheidungen treffen – Konflikte bearbeiten

Entscheidungen treffen ist eine ständige Notwendigkeit in Gruppen, und da häufig unterschiedliche Meinungen, Interessen und Wünsche vorhanden sind, ist das Treffen von Entscheidungen oft verbunden mit Konflikterfahrungn.

Die Art, wie Entscheidungen getroffen und Konflikte gelöst werden, hängt eng miteinander zusammen und hat einen großen Einfluß auf die Art der Beziehungen der Mitglieder untereinander. Entscheidungen werden (wie Konflikte) häufig vermieden durch Abweichen vom Thema, durch Übergehen von Mitgliedern oder Überhören von Vorschlägen, oder sie werden selbstherrlich von einzelnen über die Köpfe der anderen hinweg getroffen.

Die Art, wie eine Gruppe Entscheidungen trifft, hängt auch von der Entwicklungsstufe ab, in der sie sich befindet. In der ersten Phase wollen sich viele noch nicht exponieren und schließen sich gern der Meinung des Leiters oder bestimmter Mitglieder an. Entscheidungen werden – wenn überhaupt – gern formal, z. B. durch Abstimmung, getroffen oder sie werden vermieden. In der zweiten Phase, wo es um Anerkennung und Positionen geht, werden Entscheidungen häufig das Feld, auf dem Positionskämpfe ausgetragen werden. Inhalts- und Beziehungsaspekte vermischen sich – es geht häufig weniger um die Klärung von Inhalten als um Sieg bzw. Niederlage. Der Leiter muß häufig vermitteln. In der dritten Phase werden Entscheidungen oft unter einem gewissen Konformitätsdruck getroffen, was den Mitgliedern meist nicht bewußt ist. Einigkeit und Zusammengehörigkeit sind ja wichtiger als die eigene Meinung, die Individualität. Der Leiter muß hier ermutigen, Entscheidungen wirklich offen anzugehen und verschiedene Möglichkeiten zu durchdenken. In der vierten Phase besteht die größte Chance, daß »reife« Entscheidungen durch einen Prozeß des Abwägens und Aushandelns getroffen werden, wo jeder seine Eigenart einbringen kann und gleichzeitig die Anregungen der anderen als wichtig für sich selbst erachtet. Hier werden Entscheidungen in Form von sinnvollen Kompromissen oder gemeinsam erarbeiteten neuen Lösungen möglich. Solche Entscheidungen schaffen letztlich auch die größte Zufriedenheit unter den Gruppenmitgliedern, weil alle sie tragen können.

Nicht jede Entscheidung, die in einer Gruppe ansteht, ist gleich wichtig, nicht alle Entscheidungen müssen deshalb so sorgfältig überlegt werden. Aber Entscheidungen, die das Ziel der Gruppe und die Bedürfnisse und Situationen der einzelnen stark berühren, sollten nach Möglichkeit auch von der ganzen Gruppe in gemeinsamer Arbeit getroffen werden, weil ja auch alle bei ihrer anschließenden Durchführung beteiligt sind. Dies wäre dann eine »Entscheidung auf der Grundlage von Übereinstimmung«; das ist die tragfähigste Entscheidungsart (vgl. Integration S. 68).

○ *Schritte für eine Entscheidung auf der Grundlage von Übereinstimmung*

(1) Die genaue Bestimmung des Problems.

Alle Beteiligten werden befragt; in Untergruppen können Meinungen ausgetauscht werden; das Problem wird definiert.

(2) Das Sammeln/Vorschlagen verschiedener Alternativen.

Alle sollten daran beteiligt sein. Die Ideen können sichtbar gemacht/aufgeschrieben werden. Zusätzlich nötige Informationen werden eingeholt; Untergruppen können Alternativen weiter ausarbeiten.

Dieser Schritt ist beendet, wenn die verschiedenen Alternativen deutlich formuliert sind.

(3) Prüfen der vorgeschlagenen Alternativen.

Verfügbare Informationen und Tatsachen werden reflektiert, frühere Erfahrungen dazugezogen, die Bewertungen der einzelnen Gruppenmitglieder eingeholt.

Fragen in dieser Phase:
* Welcher Alternative steht der einzelne nahe?
* Welche anderen Alternativen kommen auch in Frage?
* Welche Alternative ist für den einzelnen am weitesten weg?
* Was gewinnt/verliert jeder, wenn er von »seiner« Alternative weg auf eine andere zugeht?
* Gespräche mit den »Vertretern« der verschiedenen Alternativen.
* Durchführungsmöglichkeiten der einzelnen Vorschläge, mögliche Konsequenzen.

In diese Phase gehört auch der Versuch, durch Aushandeln und Kombinieren zu neuen Vorschlägen zu kommen, die eventuell Anteile aus mehreren Lösungsvorschlägen enthalten.

(4) Festlegen auf eine Alternative.

Die Gruppe legt sich auf eine der Lösungen bzw. auf die kombinierte fest. Die Übereinstimmung wird durch Nachfragen noch einmal überprüft. Eventuell muß hier noch einmal neu in die Verhandlung gegangen werden.

(5) Planung und Ausführung.

Es wird besprochen, was zur Ausführung der Entscheidung nötig ist, wer wie dazu beitragen kann und will, ob der Weg dem Ziel angemessen ist, usw.

Eventuell muß eine Entscheidung hier noch einmal variiert werden.

Methodische Hilfen bei diesen Schritten
* Visualisieren von Vorschlägen und Alternativen (Plakate, Tafelanschrieb).
* Zu jeder vorgeschlagenen Lösung werden Pro- und Kontrapunkte gesammelt.
* In Rollenspielen und mit Rollenwechsel werden verschiedene Alternativen angespielt. Dadurch treten die Möglich-

keiten deutlicher hervor, und jeder erlebt bei sich selbst die Gefühle, die mit der jeweiligen Lösung verbunden sind.

* Die emotionale Beteiligung der einzelnen Teilnehmer wird verdeutlicht, indem die Entscheidungssituation »in Szene« gesetzt wird.

Zum Beispiel:
Die vorgeschlagenen Lösungen werden auf jeweils ein Blatt Papier geschrieben, und diese Blätter werden im Raum verteilt. Alle gehen herum, stellen sich zu den verschiedenen Lösungen und versuchen nachzufühlen, ob »sie dazu stehen können«. Schließlich kann jeder bei der Lösung stehenbleiben, die ihm am meisten entspricht. Darüber entsteht ein Austausch.

* Einzelne Teilnehmer »verkörpern« eine Alternative, gehen im Raum umher und versuchen, für ihren Vorschlag zu werben.

Diese methodischen Vorschläge sind ebenso brauchbar für die Schritte einer Konfliktlösung durch Integration.

○ *Mögliche Schritte einer Konfliktlösung durch Integration* (vgl. S. 68)

(1) Jeder Beteiligte nennt seine Sicht des Konflikts und seine Wahrnehmung, wie der Konflikt entstanden ist.

(2) Jeder nennt seinen augenblicklichen Standpunkt und seine Gefühle, die mit dem Konflikt und der aktuellen Situation verbunden sind. Dabei gibt es keine Diskussion, höchstens Fragen zum Verständnis. Jeder hört jedem zu mit dem Interesse, dessen Sicht verstehen zu wollen.

Nun steht Verschiedenes neben- und gegeneinander.

(3) Eventuell müssen nun Konfliktursachen geklärt, sachliche Punkte richtiggestellt, Mißverständnisse behoben werden, usw.

(4) Gemeinsam wird definiert: Was ist der Konflikt? Worin besteht er?

(5) Nun kann eine Sammelphase zur Lösung folgen, in der *nur* Phantasie und Ideen gefragt sind.

Bewertung, Kommentare und Diskussion sind hier verboten. Die Vorschläge und Ideen werden hier nicht auf ihre Realisierungsmöglichkeiten hin überprüft. Keiner darf später auf eine Lösung festgelegt werden, die er hier eventuell eingegeben hat. Es steht noch nicht fest, daß der Konflikt lösbar ist! Es geht immer noch um Schritte zum Lösungs*versuch* (vgl. Regeln zum Brainstorming S. 183).

Die Ideen werden auf einem Plakat sichtbar gemacht.

(6) Nun kann eventuell eine individuelle Wertung stattfinden. Jeder hat drei Klebepunkte zur Verfügung und klebt sie hinter ihm möglich erscheinende Vorschläge. Das müssen Ideen sein, von denen der einzelne denkt, sie würden seine Lösungsbereitschaft nicht überfordern.

(7) Dadurch stellen sich die Vorschläge heraus, die von einigen oder vielen als möglich angesehen werden. Sie werden nun nacheinander auf ihre Realisierungsmöglichkeit, auf Vor- und Nachteile und mögliche Klippen durchdacht. Das ist die Beurteilungsphase. Dabei werden bestimmte Lösungen immer deutlicher hervortreten. Es müßte jeweils auch mitbesprochen werden, wer bei welcher Lösung wieviel gewinnt bzw. verliert und ob das für den Betreffenden denkbar erscheint.

(8) Schließlich muß verhandelt werden, welche Lösungen möglichst alle mitverantworten und mittragen können.

(9) Es können Pläne zur Realisierung gemacht werden.

Solche integrativen Lösungsarten brauchen viel Zeit und die Bereitschaft der Teilnehmer, als ganze Gruppe einen Konflikt lösen zu wollen, ohne daß einzelne zu »Opferlämmern« oder »Sündenböcken« werden. Wenn eine Gruppe einen Konflikt so löst, entsteht ein intensives Zusammengehörigkeitsgefühl.

Entscheidungen treffen auf der Grundlage von Übereinstimmung und Konflikte lösen durch Integration braucht bestimmte Bedingungen in der Gruppe – darauf wurde schon hingewiesen. Deshalb werden diese Lösungsformen sicher vor allem bei wichtigen, die ganze Gruppe betreffenden Problemen in Frage kommen. Für eine Gruppe sind solche Versuche wichtige Lernerfahrungen.

3.5. Einige Aspekte zur Gruppengröße und Zeit- und Raumgestaltung

o *Zur Größe der Gruppe*

* Eine optimale Gruppengröße wird zwischen 5 und 12 Teilnehmern angegeben. Hier kann am günstigsten das Gleichgewicht zwischen Arbeit/Sache – Gruppe/Beziehung – Icherfüllung/Befriedigung hergestellt bzw. gehalten werden.
* In Untergruppenarbeit ist eine Gruppengröße von 3–4 Teilnehmern kurzzeitig sehr sinnvoll. Eine solche Gruppengröße auf längere Zeit ist unbefriedigend. Jeder ist zu sehr auf den anderen angewiesen, es kommt zuwenig Anregung in die Gruppe.
* In Gruppen, die mehr als 12 Teilnehmer haben, wird es viele Untergruppen geben. (Das ist natürlich auch schon bei weniger Teilnehmern der Fall.) Eine solche Aufgliederung durch Untergruppen bietet für die einzelnen einen emotionalen Raum, den sie in der Großgruppe meist nicht finden. Jedoch besteht auch die Gefahr, daß der Zusammenhalt *nur* in die Untergruppen verlagert wird, so daß die Großgruppe nur durch eine formale Struktur zusammengehalten wird. Dies ist vor allem für Arbeitsgremien und Bildungsveran-

staltungen nicht gut, weil ja ein Teil der Arbeit notwendig in der Großgruppe ablaufen muß. Zudem werden durch die »emotionale Flucht« in die Kleingruppe die Erfahrungschancen der Großgruppe nicht ausgenützt. Auch die Großgruppe ist eine soziale Realität, und es ist wichtig, mit dieser umgehen zu lernen.

In größeren Gruppen empfiehlt sich daher ein ausgewogenes Gleichgewicht von Groß- und Kleingruppenarbeit.

o *Zeit- und Raumgestaltung*

* Menschen brauchen Regelmäßigkeit und Kontinuität, wenn sie engagiert, offen und persönlich einbezogen arbeiten und kommunizieren möchten. Die Arbeitsfähigkeit und -bereitschaft und vor allem das Interesse am Einbringen der eigenen Persönlichkeit wachsen, wenn die Gruppe sich regelmäßig, in nicht zu großen Zeitabständen, trifft.
Zu den Zeitabständen kann natürlich keine allgemeine Regelung angegeben werden, weil viele Bedingungen mitspielen.

Einige Hinweise:

- Für jede Gruppe (auch für mehr sachorientierte Gruppen) ist eine längere und auch auf Beziehungsebene verlaufende Anfangsphase hilfreich. Wenn man sich kennt, wenn beginnend Vertrauen aufgebaut ist, verträgt eine Gruppe auch längere zeitliche Zwischenräume bis zum nächsten Treffen, ohne daß die Arbeits- oder Beziehungsmotivation verlorengeht.
- Je intensiver die Ich- und Wir-Ebene einbezogen wird, d. h. auch, je persönlicher das Ziel der Gruppe ist, desto günstiger sind regelmäßige Treffen in kurzen Abständen.

* Der Raum, in dem sich die Gruppe trifft, hat einen Einfluß auf das emotionale Klima und auf die Einstellung der Gruppenmitglieder zur »Sache«, d. h. zum Anliegen/Inhalt der Gruppe.

Beispiel:

- Ein Arbeitsausschuß trifft sich immer bei einem der Mitglieder zu Hause. Man sitzt in Sesseln; erst werden mit den anwesenden Familienmitgliedern Gedanken ausgetauscht; der Hausherr fühlt sich für die Getränke verantwortlich und schaut immer nach, ob auch alle versorgt sind; ab und zu kommt jemand ins Zimmer, um etwas zu holen, usw. Die Arbeit geht nicht vorwärts . . .
- Ein Gesprächskreis für »Alleinerziehende« trifft sich alle zwei Wochen im Saal einer Pfarrgemeinde, weil zu dieser Zeit kein anderer Raum frei ist. Die Teilnehmer schieben in einer Ecke des Raumes Tische und Stühle zusammen. Irgendwie kommt keine rechte Bereitschaft auf, offen über die eigenen Anliegen zu sprechen . . .

Einige Hinweise zum Raum und zur Raumgestaltung:

- Der Gruppenraum sollte relativ frei von äußeren Störungen sein (Lärm, Telefon, Personen . . .).
- Die Gruppe sollte im Raum »zu Hause« sein können. Dies kann je nach Inhalt/Anliegen der Gruppe etwas ganz Unterschiedliches bedeuten:

  Zum Beispiel:
  Das Treffen findet immer im gleichen Raum statt, damit man sich nicht immer wieder erneut fremd fühlt und erst eingewöhnen muß.

  Die Gruppe kann Arbeitsergebnisse an der Wand hängen lassen und findet sie noch vor, wenn sie wiederkommt; das schafft das Gefühl, »hierher« zu gehören.

  Farben, Raumgestaltung, Lichtverhältnisse sind wichtige Einflußfaktoren und vermitteln je nachdem eher Sterilität, Arbeitsmotivation, Gesprächsklima . . .

- Sehr wichtig ist die Art und Weise, wie die Sitzordnung gestaltet ist:

  Zum Beispiel:
  Wenn jeder Teilnehmer jeden anderen beim Gespräch gut sehen kann, erleichtert das die Kommunikation. Das Gespräch kann dann nicht nur mit den Ohren, sondern auch mit den Augen verfolgt werden. Dadurch kann man leichter folgen, fühlt sich mehr angesprochen und ist mehr einbezogen.

  Rechteckige oder quadratische Tische bei mehr als 8 oder 10 Teilnehmern erschweren deshalb die Kommunikation.

  Runde Tische oder Tische mit »angeschnittenen« Ecken sind günstiger für Gesprächs- und Arbeitssituationen.

  Für Gesprächsgruppen eignet sich am besten der offene Stuhlkreis.

4. *Zusammenfassende Gedanken*

»Methodisches Handeln« ist ein Grundzug menschlichen Handelns: Ich will ein Ziel erreichen, ein Anliegen verwirklichen, und überlege mir, wie ich das am günstigsten machen kann. Ich suche einen Weg. Ich wähle eine Vorgehensweise. Wenn sich mit der Wahl der Methode ein Erfolg einstellt, werde ich in einer ähnlichen Situation oder bei einem ähnlichen Anliegen wieder ein ähnliches Verfahren wählen.

So sind die in Teil V beispielhaft zusammengestellten Methoden »bewährte Wege«, um das Ziel zu erreichen: Beteiligung und Aktivierung von Gruppenmitgliedern an der Aufgabenbewältigung und an der Prozeßverantwortung.

In einem weiteren Sinn verstanden, gehören zu den Methoden der Gruppenarbeit aber auch ganz alltägliche und nicht so ausdrücklich ausgestaltete Verfahrensweisen/Verhaltensweisen eines Gruppenleiters, durch die er sein Anliegen unterstützt bzw. zu verwirklichen sucht. Darauf möchte ich hier noch einmal aufmerksam machen. Das Anliegen ist – kurz skizziert –, die Faktoren Ich-Wir-Sache in einem dynamischen Gleichgewicht zu berücksichtigen, bzw. (was hinter diesem Anspruch steht) das Wachsen von Menschen zu fördern.

Dies geschieht auch – wie an vielen Stellen in diesem Buch schon ausgeführt – durch die Art und Weise der Kommunikation des Gruppenleiters mit den Teilnehmern: Interesse zeigen, Fragen stellen, Blickkontakt aufrechterhalten, einen Gedanken aufgreifen, auf eine Äußerung aufmerksam machen, Gefühle zu verstehen versuchen, usw. Auch dieses alltägliche Verhalten/diese Vorgehensweisen (Methoden) kann ich daraufhin überprüfen, ob sie dem Ziel oder Anliegen dienen, für das ich mich als Leiter entschieden habe. Diese Teile der »Methoden eines Leiters« sind letztlich noch wichtiger und ausschlaggebender als solche Methoden wie Brainstorming, Blitzlicht usw. Nur wenn in der ständigen

Kommunikation neben der Sache auch jeder einzelne und das Zusammenspiel in der Gruppe Gewicht haben, kann der Einsatz von spezielleren Gruppenmethoden zusätzlich hilfreich sein.

Literatur

in knapper Auswahl (Quellen und Empfehlungen)

1. zu Gruppe, Gruppenprozeß, Kommunikation

Brocher, T., Gruppendynamik und Erwachsenenbildung, Westermann Taschenbuch 68023, Braunschweig 1967

Mucchielli, R., Gruppendynamik, Salzburg

Sader, M., Psychologie der Gruppe. Grundfragen der Psychologie, München 1976

Sbandi, P., Gruppenpsychologie. Einführung in die Wirklichkeit der Gruppendynamik aus sozialpsychologischer Sicht, München 1975[2]

Sjoelund, A., Gruppenpsychologie für Erzieher, Lehrer und Gruppenleiter, Heidelberg 1974

Watzlawik, P. u. a., Menschliche Kommunikation, Bern/Stuttgart 1974

2. zur Themenzentrierten Interaktion

Aschaffenburg, Helga u. a., Gruppenarbeit themenzentriert, Entwicklungsgeschichte, Kritik und Methodenreflexion, Grünewald-Verlag

Amann, Irene u. a., Erfahrungen lebendigen Lernens. Grundlagen und Arbeitsfelder der TZI, Grünewald-Verlag

Amann, Irene u. a., »Beachte die Körpersignale«, Körpererfahrung in der Gruppenarbeit, Grünewald-Verlag 1991

Belz, Helga u. a., Auf dem Weg zur arbeitsfähigen Gruppe, Grünewald-Verlag

Cohn, Ruth, Von der Psychoanalyse zur Themenzentrierten Interaktion, Stuttgart 1976

Fahrau, Alfred, Cohn, Ruth C., Gelebte Geschichte der Psychotherapie, Klett-Verlag 1988

Kroeger, Matthias, Themenzentrierte Seelsorge, Kohlhammer, 3. Auflage

Stollberg, Dietrich, Lernen, weil es Freude macht. Eine Einführung in die Themenzentrierte Interaktion, München 1982

3. zu Gruppenleiter, Gruppenleitung, Methoden

Bernstein, S. und *L. Lowy*, Untersuchungen zur sozialen Gruppenarbeit in Theorie und Praxis, Freiburg 1975[4]

Bommert, Hanko, Grundlagen der Gesprächspsychotherapie, Stuttgart 1977[2]

Douglas, T., Wie man mit Gruppen arbeitet. Eine Einführung, Freiburg 1981[2]

fluegelmann, andrew und *shoshana tembeck*, new games. die neuen Spiele, 1980[3]

Grom, Bernhard, Methoden für Religionsunterricht, Jugendarbeit und Erwachsenenbildung, 1974

Heimann, P., Otto, G., Schulz, W., Unterricht, Analyse und Planung, Hannover 1965

Klein, Irene, Gruppen leiten lernen. Didaktik und Praxis der Ausbildung, München 1976

Klein, Irene, Freizeitplan. Ein Handbuch für Kinder- und Jugendgruppen, München 1978

Rogers, Carl, R., Lernen in Freiheit, München 1974

Tausch, R. u. *A.,* Erziehungspsychologie, Göttingen 1973[7]

Von derselben Autorin erschien:

Irene Klein

Freizeitfahrplan

Ein Handbuch für Kinder- und Jugendgruppen

3. Auflage, 320 Seiten, Paperback, Pfeiffer-Werkbuch 142
ISBN 3-7904-0268-0

Kinder und Jugendliche wollen in ihrer Freizeit nicht nur »aufbewahrt« und beschäftigt werden. Die Freizeit soll dazu genutzt werden, ihnen Erfahrungen zu ermöglichen und mit ihnen zusammen Verhaltensweisen einzuüben, die im normalen Alltag zu kurz kommen.

Dazu bietet dieses Buch eine Fülle praktischer Vorschläge für Ferien und Freizeit. Die Vorschläge werden pädagogisch begründet und auf dem Hintergrund der konkreten Situation reflektiert.

Besonderes Gewicht legt die Autorin auf Überlegungen zum Verhalten der Jugendleiter: ist doch der Leiter als Mensch für die Erfahrungen der Kinder und Jugendlichen von ausschlaggebender Bedeutung.

Verlag J. Pfeiffer · München